天

Borderless

下

博稽古今 融汇天下

天
Borderless
下

Dei Delitti E Delle Pene

论犯罪与刑罚

| 畅享版 |

[意]切萨雷·贝卡里亚　著
钟书峰　译

法律出版社 LAW PRESS·CHINA
——北京——

一切艰辛谈判，皆不可奢望一蹴而就，

唯有徐而图之，以待水到渠成。

——弗朗西斯·培根：《随笔集》第四十七章“论谈判”

译者前言

《论犯罪与刑罚》是世界文明史上第一部系统、明晰论述犯罪与刑罚的著作。它毫无疑问主要论述刑法学上的刑罚问题，其主旨诚如本书结尾所言："本质上，刑罚，为免沦为某个人或者多数人针对个别人的暴行，应当是法定的、公开的、及时的和必然的，应当是与罪行相称的，应当是在一定条件下尽可能轻缓的。"1764 年，贝卡里亚 26 岁时撰写的这部《论犯罪与刑罚》，破天荒地论述了无罪推定原则、罪刑法定原则、罪刑公开原则、罪刑相称原则和刑罚及时性原则、刑罚必然性原则、刑罚轻缓原则等，对世界各国刑法理论和实践都产生了革命性影响,如今已基本成为各国刑法的主流思想。溯本追源,后世尊称贝卡里亚为“刑法学之父”或者“刑法学鼻祖”,将《论犯罪与刑罚》列为学习研究刑法学的必读书目。

《论犯罪与刑罚》不但是刑法学经典名著,而且是刑事法学经典名著;不但涉及刑法学,而且涉及刑事诉讼法学、侦查学、证据(法)学、犯罪学、犯罪预防学、刑事政策学等。最为人们称道的是,贝卡里亚反对刑讯,反对酷刑,提出了限制死刑甚至废除死刑的主张。本书出版后,在18世纪即产生巨大影响,书中诸多理念先后被多国立法所吸收。我国著名刑法学家陈兴良教授说:“如果要我在刑事法学科推荐而且只能推荐一本的话,我会毫不犹豫地推荐意大利著名刑法学家贝卡里亚的《论犯罪与刑罚》一书……该书如同横空出世,震惊了整个欧洲思想界……它至今仍然具有巨大的思想魅力。举凡当代刑事法治理念,例如罪刑法定、无罪推定,无不在书中有着精辟而隽永的阐述,闪耀着理性的光芒。贝卡里亚的《论犯罪与刑罚》一书值得反复阅读,深刻领会,是刑事法初学者的进阶宝典。”

《论犯罪与刑罚》不但是所有刑事法学习者的必读书目,而且是所有法学人的必读书目。伏尔泰评价:“本书具有宝贵的精神价值,好似服用少许就足以缓解病痛的良药一样。我阅读时真感到解渴,并由此相信:这样一部著作必定能够清除众多国家法律中仍然残存的野蛮内容。”

《论犯罪与刑罚》不但是法学经典名著,而且是人文主义经典名著。在“致读者”中,贝卡里亚旗帜鲜明地宣布:“关怀与人道才是人们心目中的正当权威。”又如,在“导论”中,他用辛辣语言猛烈抨击强权和不合理制度:“几乎一切人类社会都有如此力量,总是试图让一部分人极度强势和幸福,而让另一部分人极度贫弱和悲惨。”“翻开历史,就会发现,作为或者本应是自由人之间契约的法律,绝大部分是满足少数人私欲的工具,或者是权宜之计的结果。”“严酷的刑罚与混乱的刑事诉讼程序,仍然主宰着立法领域,仍然在欧洲得不到重视,仍然几乎不被认为有什么问题……残酷无知和麻木不仁的掌权者手下牺牲品的弱者呻吟,未证明有罪者或者根本无罪者遭受的毫无必要的严刑拷打,残忍无情的行刑手让命运不济的悲惨者在监狱里陷入的黑暗恐怖,应当能激起以引导人类思想为己任者的关注。”他明确提出:“立法的唯一目的”,就是“满足最大多数人的最大幸福”。再如,在书中其他各章,他毫不含糊地指出:“酷刑,与社会契约的本质与正义相悖。”他毫不客气地写道:“刑罚最严酷的年代和国家,往往就是最血腥、最不人道的,往往就是犯罪最骇人听闻的。”他一针见血地论述:“人们对死刑的自然情感是什么?就是自然流露的愤恨鄙视刽子手的情感。”“唯有严格遵守、执行法律,才能保障公民人身与财产的安全。”“无法实施之法,或者社会环境注定无法实施之法,根本就不应颁布。”“人们越是尊重法外之物,就会越不尊重法本身。”字里行间,无不闪耀着正义与人权的光芒,无不体现着深邃的人文关怀思想。因此,1764 年,《论犯罪与刑罚》刚一出版,在尚不知作者是谁的情况下,位于伯尔尼的爱国者协会就决定,授予作者金质奖章,称赞作者是“敢于为保卫人类,反对最根深蒂固的偏见而呐喊的公民”。当时石破天惊的《论犯罪与刑罚》,至今都值得人们认真研读并从中汲取营养。

正如任何一部伟大著作一样,由于时代的局限,贝卡里亚《论犯罪与刑罚》当然也存在这样那样的不足,相信读者完全有能力明鉴,恕不赘述。

钟书峰

2021 年 5 月 17 日晚

草于深圳巍峨山下

致读者

1200年前，有位在君士坦丁堡[1]发号施令的君主[2]，下令编纂古代征服之国法典[3]。后

〔1〕 君士坦丁堡，又译“康斯坦丁堡”，原名拜占庭，曾是罗马帝国首都，现系土耳其名城伊斯坦布尔。位于巴尔干半岛东端、博斯普鲁斯海峡南口西岸，扼黑海入口，为欧亚交通要冲，战略地位极为重要。330年5月11日，君士坦丁大帝将罗马帝国首都从罗马迁至拜占庭，将其命名为“第二罗马”，也称为“新罗马”，但人们习惯称为“君士坦丁堡”。——译注

〔2〕 指查士丁尼一世（482—565年），又译“优士丁尼”，东罗马帝国皇帝（527—565年），史称“查士丁尼大帝”。——译注

〔3〕 指《查士丁尼法典》等。527年，查士丁尼一世下令编纂罗马法。后来形成了《查士丁尼法典》《法学总论》《学说汇纂》《新律集》四种法律文献。它们统称为《罗马法大全》或者《国法大全》等，是罗马法的集锦和精粹，对欧洲资本主义各国的法律特别是民法的发展具有重大影响。——译注

来,它的一些残余零散内容,混杂着伦巴第人[1]习俗,在一知半解的学究式注释者杂乱无章的著述包装下,演变为欧洲大部分地区的传统习惯,并被视为法律。如此情形,就像卡尔普佐夫[2]的主张、克拉洛[3]记述的古代习惯或者法里纳奇[4]的报复刑论,竟然成为本应诚惶诚恐地主宰人类命运者所深信不疑的法律一样,是人类的悲哀。

本书从刑事角度审视残留着最野蛮年代痕迹的上述法律,大胆向公共福祉掌管人揭示其弊端,破除人们头脑中的愚昧鲁莽观念。撰写本书时,作者能够撇开世俗偏见而真诚探索真理,完全归功于其国家拥有温和开明的政府。伟大君主——统治我们的人类恩人——喜爱谦卑哲学家冷静理性并孜孜以求揭示的真理。这种哲学家揭示真理时,反对的是醉心于强权武力或者阴谋诡计而丧失理性之人。完全明白事理者懂得,揭示当前弊端,只不过是对旧时代而不是对当代及其

[1] 伦巴第人,又译"伦巴底人""伦巴德人"等,系日耳曼人的一支,起源于斯堪的纳维亚,568年,侵入意大利北部,建立伦巴第王国。——译注

[2] 卡尔普佐夫(1595—1666年),17世纪德国刑法学家,曾签发2万多人的死刑判决书并引以为荣,因主张酷刑而臭名昭著。——译注

[3] 克拉洛(1525—1575年),意大利法学家,著有介绍意大利习惯法的《判决汇编》,对卡尔普佐夫具有巨大影响。——译注

[4] 法里纳奇(1544—1618年),意大利刑法学家,代表作《刑事理论与实践》。直至18世纪末期,其刑法理论仍然在意大利占主导地位。——译注

立法者的嘲讽和谴责。

任何有意批评本书者,首先应明白:舆论比强力更加深入人心,关怀与人道才是人们心目中的正当权威。本书宗旨,绝不是削弱,而是加强这种权威。由于本书概念不一而已招致的恶意批评,迫使我暂停与文明读者的交流,而致力于彻底消除一切瑕疵,以免引起神经过敏者的误解或者招来恶意嫉妒者的诽谤。

调整人类行为的政治、道德原则源泉有三种:神明启迪、自然法则和社会契约。就终极目标而言,前者与后两者不可相提并论,但是,就指导世俗幸福生活而言,三者作用类似。研究后者,并非排斥前两者。前两者,即神明启迪和自然法则,尽管神圣而不可改变,但早已被人类虚伪的宗教和无数扭曲随意的善恶观念所破坏。因此,有必要从中抽出纯粹的人类社会契约进行研究。这种社会契约,是人们出于公共需求与利益的考量,明示或者默示同意的条款;是人类社会的任何派别、团体和个人都必定同意的条款;是促使最固执己见、最不信教之人遵守人类社会基本准则的永远可靠保证。与此相应,善恶观念,分为三种类型:宗教的、自然的和政治的。这三者绝不应是互相对立的,尽管其中一种负有的责任义务,并非其他任何一种负有的责任义务。神明启迪所要求的,并非都是自然法则所要求的;自然法则所要求的,并非都是纯粹的人类之法所要求的。从三者中抽出人类明示或者默示同意的社会契约进行研究,极其重要,因为这样可以在不违背全能上帝旨意的情形下,正确运用处理人与人之间关系的力量。政治善恶观念,毫无疑问是千变万化的。自然善恶观念,除非是傻子或者是疯子,人们总是清晰明了的。宗教善恶观念,因为是由上帝直接启迪和保管的,所以是始终如一、永恒不变的。

由此可见,认为探讨社会契约及其责任义务,就是违背神明启迪或者自然法则基本原则的指责,是错误的;认为谈论社会建立之前的战争状态,就是坚持霍布斯[1]的观点——即否认在社会建立之前已存在责任义务,不把战争状态视为人类堕落的结果和缺乏明确惩罚的结果——的指责,也是错误的;认为考察社会契约的惩戒内容,就是否认在社会契约签订之前已存在责任义务的指责,也是错误的。

本质而言,神明正义与自然正义,都是永恒不变的,因为两者的调整内容总是不变的。但是,人类正义或者政治正义

[1] 霍布斯(1588—1679年),英国机械唯物主义哲学家、政治思想家和古典自然法学派代表。著有《利维坦》等著作。提出“自然状态”和国家起源说,认为人之本性是利己主义;当人类生活在自然状态时,处于“一切人反对一切人的战争状态”;国家是人们为了遵守“自然法”而订立契约所形成的;为了和平与秩序,人们必须将所有权力和力量都交给国家,即统治者(君主);反对君权神授,主张君主专制。——译注

调整的，只是行为与千变万化的社会状态之间的关系。这种正义，是随着行为对社会的必要或者有利程度而变化的。不分析研究错综复杂、始终变化多端的各种社会关系，就无法认清这种正义。一旦混淆这些本质不同的东西，就无望正确审视公共问题。神学家的任务，是根据行为的内在善恶确定正义与非正义的界限；法学家的任务，是根据行为的社会利弊确定政治正义与非正义的界限。人人都明白，纯粹的政治美德必须服从上帝颁布的永恒不变的宗教美德，因此，两者任务不会互相干扰妨碍。

再次重申：任何有意批评本书者，都不应认为我阐述的理论敌视宗教或者道德，因为如我已述，我并未阐述如此理论。请竭力指出我逻辑上的错误或者政治上的轻率吧；请不要把我视为不信教者或者作乱者吧；请不要惧怕为了人类利益而提出的建议吧；请竭力用我阐述的理论可能导致的政治危害或者不利情形来说服我吧；请竭力向我证明现行惯例的优点吧。在《答“评〈论犯罪与刑罚〉”》[1]一文中，我已公开表明

[1] 《论犯罪与刑罚》出版后，多明教会教士法基内（1724—1812年）发表《评〈论犯罪与刑罚〉》一文，攻击贝卡里亚。《答“评〈论犯罪与刑罚〉”》，即为回应其攻击而撰写。该回应虽然以贝卡里亚之名发表，但实际上是曾为贝卡里亚好友的韦里兄弟即彼得罗·韦里和亚里山德罗·韦里于1765年执笔撰写的。——译注

我的宗教信仰和对君主的忠诚,因此,再回应类似评论,已无必要。但是,倘若有人文明而礼貌地撰文向我提问,而且让我不必再去解释任何一条基本原理,他就会发现,我不但是竭尽全力的解答者,而且是真理的和平热爱者。

目录

CONTENTS

导　论

几乎一切人类社会都有如此力量，总是试图让一部分人极度强势和幸福，而让另一部分人极度贫弱和悲惨。旨在反对这种力量的善法，普遍平等对待每一个人。可是，人们总是把攸关切身利益之事，抛给为私利而反对最优良、最明智制度之人任意掌控。不到攸关生命和自由问题的处理无数次陷入歧途，不到再也无法忍受痛苦，就无法促使人们驱除压迫他们的恶魔。唯有此时，人们才会明白最显而易见、最朴实无华的真理。愚昧无知、善恶不辨的头脑，无法独立思考，习惯不加区分地接受被灌输的东西，因而常常无视这种真理。

翻开历史，就会发现，作为或者本应是自由人之间契约的法律，绝大部分是满足少数人私欲的工具，或者是权宜之计的结果，而不是由冷静研究人性的学者制定的。这种学者，知道如何集思广益，以实现立法的唯一目的，即满足最大多数人的最大幸福。

幸运的是，有为数不多的民族，不是等待缓慢的人类兴衰变迁过程，直至灾难登峰造极之后，才开辟走向美好生活的道路，而是用深思熟虑的法律，加速了这一进程。因此，勇于把许久没有发芽的有益真理的种子，从自身俭朴幽静的书斋播撒到人民大众心中去的哲学家，理应受到人类尊崇！

印刷术的应用，播撒了主权者与国民、国家与国家之间真正关系的哲学真理认知。有了这种认知，商贸得以充满活力，理性人具有的勤奋和竞争精神得以涌现。此乃这个文明时代的成果。但是，严酷的刑罚与混乱的刑事诉讼程序，仍然主宰着立法领域，仍然在欧洲得不到重视，仍然几乎不被认为有什么问题。数个世纪以来，人们皆未认识到这一普遍问题，皆未掌握真理力量以反对邪恶掌权者的专横放肆。这种专横放肆，不断制造冷酷残忍至极的诸多典型案例。毫无疑问，残酷无知和麻木不仁的掌权者手下牺牲品的弱者呻吟，未证明有罪者或者根本无罪者遭受的毫无必要的严刑拷打，残忍无情的行刑手让命运不济的悲惨者在监狱里陷入的黑暗恐怖，应当能激起以引导人类思想为己任者的关注。

不朽的孟德斯鸠庭长曾略有探讨上述问题。[1] 是真理，是永恒真理，让我追随伟人脚步。不过，有思想的人们——我就是为其写作的——能够识别他和我的脚步。若能像他一样，得到理性、平和、谦逊信徒的内心感激，激起像善解人意者与有志捍卫人类利益者一样的同情心，我实乃幸运之人。

〔1〕 参见［法］孟德斯鸠：《论法的精神》，钟书峰译，法律出版社 2020 年版，第 89~103 页。——译注

第一章

刑罚起源论

法律,是天生自由独立之人结合组成社会的约定条款。由于生活于没完没了的战争状态,人们享有的自由,很不确定而无甚价值。厌倦了如此状况的人们,就牺牲一部分自由,以换取安全和平地享有另一部分自由。每一个人献出的自由总和,就构成国家主权,并由作为合法代管者的国家处置。

仅仅建立这种机构是不够的,还必须保护国家拥有的这部分自由不被任何人篡夺,盖每一个人不仅会企图收回自己献出的那部分自由,而且会企图掠夺他人献出的那部分自由。所以,必须有可以为人所感知的力量,防止个人肆意妄为而导致社会重返混乱无序的原始状态。经验表明:唯有如此,普罗大众才会遵守一定的行为准则,才能防止社会走向解体。

这种可感知的力量,就是为犯法者制定的刑罚。它,可以直接为人所感知,可以让人永远铭记,从而足以遏制危害公共福祉的个体情感欲望。除此以外,任何滔滔雄辩,任何大道理,甚至任何伟大真理,都无法永远遏制周围世界活生生的个体欲望的爆发。

第一章

刑罚权论

伟大的孟德斯鸠说:并非绝对必需之罚皆为暴政。[1] 据此,可以得出更为普遍的推论:任何人对他人拥有并非必需的权力,皆为暴政。所以,主权者惩罚犯罪之权,应以捍卫公共福祉不受个人侵犯所必需为基础;刑罚越适当,主权者为国民维护的安全就越神圣不可侵犯,为国民保障的自由就越多。

考察人类内心,就会发现主权者惩罚犯罪的根本原则:唯有符合人类内心不变情感的惩罚政策,才能带来永久利益。任何偏离这种原则的法律,总是遭到人们的反抗,最终就是走向灭亡,就如人体内部无论多小但持续起作用的力量,终究可

〔1〕 参见[法]孟德斯鸠:《论法的精神》,钟书峰译,法律出版社 2020 年版,第 333 页。——译注

以战胜外来的最猛烈的运动势能一样。

只为公共福祉，没有人会放弃自由。如此妄想，只存在于小说中。若有可能，人人都希望自己可以不遵守约束一切人的规定。

人类的繁衍，虽然缓慢，但却大大超过贫瘠荒凉的大自然能够提供给养以满足人类需求日益增多的程度。这就迫使原始状态的人们联合起来组建社会。后来组建的社会自然反对先前组建的社会，于是，战争状态就从个人之间转移至国家之间。

正是这种需要，迫使人们放弃部分自由。当然，人人都希望自己尽可能少地交出自由给公共机构，而希望他人尽可能多地担负义务保护自己。这些小小部分的自由汇集起来，就构成刑罚权。超过限度，乃为滥权，非为正义。这是事实问题，而非权利问题。请注意："权利"与"权力"并非对立，前者约束后者，换言之，权利是最大多数人的最大利益。窃以为，把个体利益联合起来的必要纽带，不是别的，是正义。没有这种纽带，人们就会倒退回最初的原始状态。本质上，任何刑罚，只要超出维系这种纽带的必要限度，皆非正义。必须注意的是，不要把正义与某种实物概念如某种物质力或者某种存在物联系在一起。无论如何，此处无意谈论与来世奖惩直接相关的上帝正义。

第三章

小结论

从以上所述,可以得出第一个结论:唯有法律,可以为犯罪规定刑罚;唯有立法者,即代表依社会契约组成的整个社会之人,拥有制定刑罚之权。作为社会成员的法官,无权对其他成员法外判刑。法外判刑,皆非正义。因此,任何法官,均不能以公共福祉或者其他任何理由为借口,法外判刑。

从以上所述,可以得出第二个结论:契约本质上是相互约束的,每个成员都对社会负有义务,社会也对每个成员负有义务。上至庙堂,下至乡野,无论尊卑,均负有契约义务[1]。这只能表明,符合最大多数人利益的契约,必须得到遵守。任何

〔1〕“义务”这个词,更常用于伦理学上而不是其他学科上,是推理的缩写符号而不是某种思想的符号。倘若企图寻找这个词所包含的思想,是无法找到的;倘若用它进行推理,就会理解它而且也会得到理解。——贝卡里亚原注

人违反契约,都是走向无政府状态的前奏。代表社会本身的主权者,只能制定约束一切社会成员的普遍性法律,不能裁决某人是否违反社会契约。否则,国家就会分为两方:主权者为代表的一方,就会坚称某人违反契约;受指控的另一方,就会予以否认。因此,必须有第三方判断事实真相,换言之,需要法官作出裁决,毫不含糊地肯定或者否定某一事实。

从以上所述,可以得出第三个结论:酷刑,虽然不直接与公共福祉相悖,或者不直接与预防犯罪的刑罚目的相悖,但也是无益的。这是因为:酷刑,与文明理性之果的仁慈美德相悖。文明理性统治的,乃自由幸福之人,而非胆怯残忍之奴。这是因为:酷刑,与社会契约的本质与正义相悖。

第四章

法律解释论

从以上所述，可以得出第四个结论：审判刑事案件的法官，并非立法者，根本无权解释刑法。

法官所接受的法律，并非像世代必须恪守的家规那样，或者像继承人和执行人必须遵守的遗嘱那样，是由先祖传给他们的，而是由当前活生生的社会或者由代表全社会的主权者交给他们的。法律之权威，并非建立于传说的或者远古的约定之上。如此约定，必定是无效的，因为其无法约束并非彼时之人；如此约定，必定是非正义的，因为其把社会之人沦为野蛮之人。法律，源自国民明示或者默示向主权者所作的忠诚宣誓，目的是控制个体利益的内在躁动。此乃法律之真正权威与力量的根基。

那么，谁应是法律的合适解释者？是主权者，即全社会的代表,而不是法官。法官的职责,仅是审查某个人的行为是否合法。

审理每一件刑事案件,法官都应进行三段式推理。大前提是一般法律,小前提是行为合法或者违法,结论是自由或者判刑。倘若法官自愿或者因法律缺陷而被迫得出两种结论,就会导致无法确定的情形。

人们常说:“应遵循法律精神。”没有什么比这一说法更为危险。采纳这一说法,就是自毁堤坝,让步于歧见纷呈的洪流。在我看来,这是已证实的真理。对平庸者而言,这是奇谈怪论,因为平庸者往往只能感受眼前的小小问题,却无法洞察社会植根于荒谬原则将产生的深远而致命的危害后果。

知识与观念,是相互联系的。两者越复杂,认知它们的途径就越多,观点就越纷呈:不同人,有不同观点;同一人,不同时点,有不同观点。何为“法律精神”,取决于法官的逻辑水平、理解能力或者情感状况等,取决于被告人的强弱状况,取决于法官与被告人的关系,取决于可以改变人们头脑中易变事物形象的任何极其微小的因素。正因如此,我们看到,审理法庭不同,公民命运也不同,不幸者的自由与生命就成为法官荒谬推理或者情绪冲动的牺牲品。这种法官,把头脑中稀里糊涂作出的结论,视为对法律作出的合情合理解释。正因如此,我们看到,同一犯罪行为,同一法庭在不同时间判处不同刑罚。这种法庭,不是根据恒定不变的法律作出判决,而是根据荒谬而变化无常的法律解释作出判决。

严守刑法条文之弊与解释它们之害,不能相提并论。前者是暂时的,可以迫使立法者作出修改,消除模棱两可的文句,不给致命的任意解释留下空间,埋葬擅断与徇私之源。法典一旦确定,就应严格遵守执行,法官的唯一职责就是裁定公民行为是否符合白纸黑字的法律规定。本应得到上至饱学之士下至凡夫俗子遵守的正义规则,倘若不确定而充满争议,人民就会是法官的奴隶。多数人专制越来越难以忍受之时,就是压迫者与被压迫者的距离越来越近之际。多数人专制之恐怖残忍,甚于一人专制之恐怖残忍,因为唯有后者才能取而代之,因为前者遭遇的反抗越多就越恐怖残忍,因为后者的恐怖残忍非与其实力而与其遭遇的反抗成正比。

唯有严格遵守和执行法律,才能保障公民人身与财产的安全。唯有如此,才符合正义,因为这是人们联合组成社会的目的。唯有如此,才能有益,因为人人都可以据此权衡犯罪带来的恶果。唯有如此,人们会获得一种独立精神,这种精神不是动摇法律根基并证明反抗司法官员有理的精神,除非有人胆敢以美德之名将弱者屈服于他的肆意妄为的私欲之下。

这些原则将使那些认为有权将自己遭受上级的横暴转嫁给下级的人感到扫兴,不过,暴政精神与阅读精神不兼容。倘若暴政者竟然会阅读本书,会让我不寒而栗。

第五章

法律模糊论

倘若解释法律是弊端，则很显然，法律模糊而需要解释也是弊端。法律用人们无法理解的文字撰写，乃为至极弊端。无法判断自身行为后果的人们，就得依赖对法律作出解释的少数人。如此这般，本属公共财物的庄重典籍就成为私人拥有的家庭藏书。绝大部分文明开化的欧洲，至今仍然残存如此根深蒂固的陋习，应有所反思。

阅读并掌握神圣法典者越多，犯罪行为就会越少，因为毫无疑问，刑罚越不被人们了解，刑罚越不确定，就越会助长人们的欲望。

没有文字，就没有社会可以拥有稳定的政体。在稳定的政体社会，权力是赋予整个社会而非某部分社会成员的；唯有遵照全社会的意志才能修改法律，绝不能为迎合私利而曲解法律。经验和理性表明：人类传统的可靠性与确定性，在时间上离源头越远就越弱。倘若不建立社会契约的坚固石碑，法律怎能经得住时间的侵蚀和人类欲望的冲击？

我们看到，印刷术何等重要：正是印刷术的应用，神圣法律的保管者，就不只是少数人，而是社会大众。它，通过文字传播，驱散了阴谋诡计的阴霾。这种阴谋诡计的追随者，惧怕又鄙视科学；这种阴谋诡计，在科学光芒的照耀下逐渐消失。因此，在欧洲，让时为奴隶、时为暴君的祖先深受其害的残忍犯罪，越来越少见。

深谙近两三百年历史的人们，都会注意到：富裕与柔弱何以催生人道、慈悲和宽容等最温柔的美德，那些曲解为“古朴”“善意”的东西造成了怎样的后果，人们在无情迷信压迫下的呻吟，少数人的贪婪与野心用鲜血装饰着王位与宫殿，无处不在的密谋叛乱和公开屠杀，每一位贵族都是骑在人民头上的暴君，传播基督教福音的牧师借仁慈上帝之名用鲜血浸洗双手。所有这一切，都是昔日堕落时代的产物，都不应是这个文明时代的产物。

第六章

罪刑相称论

公共福祉要求人们不犯罪,特别要求人们不实施社会危害巨大的犯罪。犯罪对公共福祉的危害越大,实施犯罪的动机就越强烈,阻止犯罪的手段就应越有力。因此,罪刑应相称。

在同人类欲望的普遍斗争中,完全清除越轨行为,是不可能的。越轨行为日益增多,是因为随着人口的增长,个体利益之间的冲突在增加,很难按照几何学原理将这些引向公共利益。在政治算术中,只能用盖然的概率估算代替数学的精确计算。考察历史,就会发现:国家疆域越扩大,民族感情就会随之削弱,越轨行为就会越多,从中捞取个体利益的犯罪动机就越突出,因此,就越有必要加重刑罚。

表现在一系列人类复杂行为中的追求个人利益的力量,

就像万有引力一样，唯有用反作用力予以阻止。刑罚，我称之为“政治阻力”，可以防止个体利益冲突产生的严重后果，但是，无法消灭这种冲突产生的原因，即人们固有的情感。立法者就像技术精湛的建筑师，其职责是竭力消除万有引力的破坏力，将各部分协调组合，建造稳固的高楼大厦。

既然人们必然需要联合组成社会，既然个人利益的冲突必然需要契约，就可以对不当行为进行逐级分类：最严重的，就是直接导致社会解体的行为；最轻度的，就是对社会个体成员可能实施的不义行为。在这两极之间，存在侵害公共福祉的、称之为犯罪的、以从重到轻的无形梯度排列的违法行为。倘若可以运用数学统计人类无穷无尽的各种违法行为，就可以按照从重到轻的顺序，确定相应的刑罚梯度。不过，对于贤明立法者而言，只要确定基本原则，作出主要分类，不搞乱顺序，不至于对最重的犯罪规定最轻的刑罚，就足矣。倘若有精确而普遍性的罪刑梯度标准，就可以拥有统一而准确的尺度，衡量不同国家的专制与自由、残酷与人道的程度。

任何不在上述梯度范围内的行为，都不能称为犯罪或者以犯罪论处。唯有可以从中捞取好处者，才会如此行事。在某些国家，犯罪界限模糊不清，已导致道德与法律的冲突、法律与法律的冲突，已导致最贤明者面临最严厉刑罚的危险，已导致善恶概念捉摸不定,甚至已导致生存本身都难以预测,进而已导致国家这个政治体陷入致命的昏睡状态。

倘若用哲学家的眼光审视各国历史与法律,就会发现:善与恶、良民与罪犯的观念,是随着时代变迁而变化的,是随着立法者欲望与错误的改变而变化的,而不是随着符合公共福祉的环境条件改变而变化的。人们往往还会发现:某个时代的欲望,就是后来时代的道德基础;作为狂热与激情产物的炽烈欲望,随着可以让一切精神与物质世界均衡发展的时间的推移而减弱,逐渐在另一时代变得保守,成为当权者或者政客手中的有利工具。正是这样,荣誉与美德的观念就变动不居。往昔如此,未来亦然,原因在于:它们是随着时代变迁而变化的,只是名称不变而已;它们是随着由山脉河流组成的国家疆域改变而变化的,而山脉河流,不仅是自然地理上的界限,而且是道德地理上的界限。

倘若欢乐与痛苦是一切有感觉生物的动力源泉,倘若无形的立法者把赏罚作为激励人们从事崇高事业的动力源泉,则赏罚不公就会产生一种普遍得人们几乎忽视的悖论:刑罚惩治的犯罪,正是刑罚催生的犯罪。倘若危害社会性不同的两种犯罪均处以相同之刑,就会没有什么手段能够阻止可以带来更大私利的社会危害性更大的犯罪。

第七章

罪行轻重标准论

根据以上所述,可以合理断定,罪行轻重唯一而真正的衡量标准,是社会危害性大小。

有些人误以为,犯罪意图是罪行轻重的真正衡量标准。犯罪意图,只是行为人对目标的一时印象,只是行为人头脑中的事前想法。这种印象和想法,因人而异,因时而异,因观念、情感和环境而异,瞬息万变。倘若它是衡量标准,就不仅要为每一位公民专门制定一部法典,而且要为每一种罪行专门颁布一部法律。何况,有时最好意图却给社会带来最大危害,有时最坏意图却给社会带来最大益处。

有些人衡量罪行轻重时,考虑更多的是被害人身份而不是社会危害性。倘若这是真正的衡量标准,则对上帝略为不敬行为之罚,就应严于谋杀君主之罪,因为上帝的伟大程度可以绝对抵消危害程度的差异。

还有一些人认为,宗教罪孽深重程度是罪行轻重的衡量标准。只要略略研究人与人以及人与上帝之间的关系,就会发现,此乃谬论。人与人,是平等的。只是个体欲望与利益的冲突,才催生了作为人类正义基础的公共福祉观念。人与上帝,是从属的。人,从属于完美无缺的造物主上帝。上帝,唯有他独自拥有立法者与审判者之权,唯有他同时拥有这两种权力而不会产生任何弊端。倘若上帝对逆其意志者规定了永恒刑罚,哪个卑微者,胆敢取代正义的上帝进行审判,胆敢代替上帝——世上万能之主,对欢乐与痛苦无感的主宰者,不会遇到任何反抗的超然神明——复仇?罪孽深重程度,取决于难以预测的内心邪恶程度。没有神明启迪,凡夫俗子怎能衡量罪孽深重?怎能用罪孽深重衡量罪行轻重?否则,就可能出现如下情形:上帝欲宽恕时,人却予以惩罚;上帝欲惩罚时,人却予以宽恕。无论如何,皆为违背上帝意志。

第八章

犯罪类型论

前文已述，罪行轻重衡量标准，是社会危害性大小。这是显而易见的真理，这是不需要象限仪[1]也不需要望远镜就可以发现的，这是普通人都能理解的。但是，由于复杂因素的影响，在每个时代，在每个国家，唯有少数思想家能够清醒认识这一真理。亚细亚式的独裁观念和权势武装的欲望，往往采用不易觉察的手段，有时采用强烈影响懦弱者轻信心理的方式，扼杀了初生社会的纯朴哲学思想。幸运的是，我们这个文明时代，历经反反复复的理性思考，历经千千万万的痛苦磨难，又找回了这一纯朴哲学思想。

[1] 象限仪，系16世纪末英国航海家约翰·戴维斯发明的航海时用于测量地球纬度的仪器。——译注

现在，我们应认真研究和区分犯罪类型及其刑罚。当然，不同时代，不同国家，犯罪种类是千差万别的。在这里，倘若研究和区分具体犯罪种类，就会没完没了，就会令人厌倦。因此，为唤醒那些曲解自由而走向无政府状态之人以及那些驱使人们服从修道院清规戒律之人，只要阐述清楚最基本的分类，指出最普遍、最危险的错误，就足矣。

有些犯罪直接危害社会或者其代表；有些犯罪侵犯个人人身、财产或者名誉；有些犯罪违背公共福祉要求，做依法不应做之事或者不做依法应做之事。

第一种犯罪，是危害性最大的犯罪，是最严重的犯罪，称为大逆罪。可是，暴政与无知，搞不清楚这种概念最明确的犯罪，把其他本质不同之罪也当作此罪，也同样判处最严厉的刑罚，导致无数人成为这个词的牺牲品。任何犯罪，即使是仅针对个人的犯罪，都会危害社会，但是，并非任何犯罪都直接危害社会。道德行为与物理运动，各有其界限，就如一切自然运动一样，都存在时空限制。唯有强词夺理的解释，即标准的奴役哲学，才会把永恒真理已作区分的东西混为一谈。

仅次于大逆罪的，是侵犯个人安全的犯罪。保障人人毫无疑问拥有的这种安全，是组建社会的宗旨，因此，对侵犯这种安全的犯罪，理应依法处以较重刑罚。

人人都相信，自己有权做不违法之事，而且除行为本身的后果外，不必担心其他任何后果。这种政治信条，应得到法律保障、法官宣扬和人民信仰。这是神圣信条，因为舍此就没有正常社会。这是合理补偿，因为人们牺牲了一切有感情物种所共有的、在自身能力范围内做一切事的普遍自由。正是这一信条，让我们心灵自由、充满活力和朝气勃勃，让我们拥有无所畏惧的品格，而不是像毫无保障的悲惨者那样逆来顺受。

侵犯公民生命与自由的犯罪，是最严重罪行之一。这不但包括平民犯下的谋杀和抢劫等罪行，而且包括达官贵人犯下的类似罪行。后者后果更为严重、影响更为广泛，因为它破坏公民心中的正义观念，用强权代替正义，而强权，对施者和受者，都同样危险。

第九章

名誉论

法律规则与名誉规则,显著不同。前者特别注重保护人身和财产,后者特别注重维护社会舆论。关于名誉问题,学术论著早已精彩纷呈,但无定论。人类智力是多么可悲啊:人们对最遥远的、最不重要的天体演变的认识,竟然比对近在眼前的最重要的道德观念的认识,更为清楚。道德观念,在欲望之风的吹动下,总是变动不居,任由容易受蛊惑的愚昧无知者接受与传播!不过,倘若想到过于接近眼睛的物体,看起来是模糊不清的,就不会感到奇怪。由于道德与我们的关系过于密切,即使简单的道德观念也很容易认识不清。因此,必须保持一定距离,才能探索人类情感现象,才能不偏不倚地研究人类本性,才不会对此感到奇怪,才可以不会不认识到:为了保障人类的安全与幸福,必须有那么多条条框框的道德。

名誉,是一种综合观念,是简单与复杂观念的集合体。这些观念,以变幻莫测的方式呈现于脑海中:人们有时接受这种观念,有时抛弃那种观念,有时保留某些最普遍的观念,就像一些复杂数字中含有公约数一样。要找到名誉这个词的不同认知的公约数,就必须回溯社会的最初形成过程。

最早的法律和最早的法官,就是为了消除个体本性专横必然产生的弊端而出现的。消除这种弊端,是组建社会的宗旨,是一切法律实质上或者形式上的主旨,即使恶法也如此。随着人与人的联系越来越密切,随着认识的发展,社会成员之间就产生了互相交往的需求。这种需求,法律不可能预见,个体力量也无法满足。至此,就确立了社会舆论的作用。社会舆论,是在法律无法保障从他人处获取利益和无法防止不受他人伤害的情形下,唯一能够起作用的手段。这种社会舆论,既可以折磨聪明人,也可以折磨无知者,因为它把美德及其假象都视为美德本身,而且为了私利,可以把无赖说成是布道者。为防止道德水准降至平均水平以下,获得尊重不仅有益而且必要。野心勃勃者寻求尊重,是为了实现其野心;爱慕虚荣者寻求尊重,是为了满足其虚荣;诚实正派者寻求尊重,因为这是其应得的奖赏。因此,名誉,是人们生存不可或缺之物。

名誉,是社会组建后产生的,故不可能是交由公共机构托管之物。因此,维护名誉,就意味着暂时重返自然状态并摆脱不能充分保护公民的法律之约束。

在极端政治自由和绝对专制下,一切名誉观念都会消失或者完全融入其他观念之中。前者是法之专制,名誉毫无用处;后者是人之专制,无所谓公民,人人都处于毫无保障的悲惨危险境地。因此,在温和专制君主之国,名誉是一种基本原则。在那些君主国家,就像专制国家的革命一样,维护名誉,就是暂时重返自然原始平等状态。

第十章

决斗论

因受人尊重是必不可少的，就产生了私人决斗。它，恰恰植根于法律的无政府状态。人们认为，古代不存在决斗，也许是因为他们聚集于庙宇、剧场或者与朋友相聚时并不多疑地携带武器，也许是因为决斗是身为奴隶的角斗士或者受自由人鄙视的下贱者供公众观看的表演。

法律为竭力铲除决斗陋习，规定用死刑惩罚决斗者，但无济于事，原因在于：宁死也不愿意丧失名誉，是这种习俗的基础。丧失名誉，就意味着不受他人尊重，在社会上就会被孤立，就会成为被嘲笑和侮辱的对象。恐惧如此不堪忍受的境遇，甚于死刑。

为什么下层人民不像上层人物那样盛行决斗？这不仅因为下层人民没有武器，而且因为对钩心斗角的上层人物很重要的名誉,对下层人民就没那么重要。

有论者指出:防止决斗犯罪的最佳手段,就是惩罚侵犯者即挑起决斗者,宣告被迫捍卫法律无法充分保障其名誉之人者无罪,因为没有任何过错的后者是向世人证明,其仅惧怕法律而不是某个人。此处赘述他人观点,也许并非无益。

第十一章

扰乱公共秩序论

最后，第三类犯罪，就是扰乱社会秩序和公民安宁的犯罪。例如，在指定进行商业活动和供居民往来的公共街道上争吵打架斗殴的行为。又如，为激起好奇民众欲望而发表狂热演讲的行为。民众越多，这种演讲就越狂热。这种似是而非的激情演讲，可以强烈蛊惑不清醒、不冷静的民众。

在夜间街道上，由公共财政提供照明服务；在城市各处，派人驻守执勤；在宗教场所，宣讲通俗易懂的宗教道理；对教堂等公共场所，派人维持秩序；在群众集会上，在议会上，在任何政府会议上，大声疾呼维护公共利益和个人利益。所有这一切，都是预防民众产生危险欲望的有效手段，都是法国人称为警官之人的主要职责。但是，这种官员倘若不依照每个公民手中都有的法律规定行使权力,而是肆意妄为,就是为伺机吞噬政治自由的暴政打开方便之门。

每个公民都应知道,怎样做是犯罪,怎样做不是犯罪。我认为,对这一普遍真理,绝不容许有任何例外。倘若某国必定需要书报检查官或者类似的专横武断官员,一定是该国政制有问题所导致的,因为政制良好之国没有这种需要。命运叵测的个体,常常更多地成为黑暗暴政的牺牲品,而不是公开酷罚的牺牲品。后者让人反感而非屈辱。真正暴君的出现,总是从控制社会舆论从而让勇敢精神黯淡无光开始。这种勇敢精神,唯有在真理的照耀下,唯有在激情的火焰里,唯有在毫不畏惧危险的气概中,才能迸发出光芒。

与这类犯罪相应的,应是何种刑罚?死刑,对于维护社会秩序与安全而言,是否真正有益和必要?严刑拷打,是否正义,能否实现法律目的?预防犯罪的最好方式,是什么?同一刑罚,是否在任何时期都有益?对道德习俗,刑罚有何影响?

所有这些问题,都应当用几何学上的精确度予以解决。在这种精确度面前,一切模棱两可的诡辩、蛊惑人心的雄辩和胆怯如鼠的怀疑,都软弱无力。倘若我唯一的功德是第一个把其他国家勇敢地规定并予以执行的东西,比较清晰地介绍到意大利,那我会深感荣幸。倘若我通过捍卫人类权利和无敌真理,把同样致命的暴政或者无知的不幸牺牲品从临死前的痛苦挣扎中拯救后,即使仅有一个无辜者喜极而泣地感激我,那也足以慰藉我,让我忘却众人的鄙视。

第十二章

刑罚目的论

综上所述，足以看出，刑罚目的，并非折磨有感觉之人，也并非消除已然之罪。

作为不应为感情左右而且是个体欲望的冷静缓和者的国家，难道要庇护毫无益处的残忍折磨行为，难道要为狂热或者无能暴君充当工具？难道惨遭折磨的不幸受刑者的惨叫，可以让时光倒流，可以让已然变成未然？

因此，刑罚目的，仅仅是阻止犯罪人再次危害社会并预防其他人实施类似犯罪行为；刑罚及其适用方式，应当是按照相应比例原则，既给予犯罪人身体最低限度的痛苦，又给予其他人最强烈、最持久的影响。

第十三章

人证论

对善法而言，如何恰当确定人证可信度和证据效力，十分重要。

一切有理智之人，换言之，思维连贯并与其他人一样具有相同感觉之人，都可以是人证。人证可信度，在于说不说真话与其有否利害关系。因此，认为妇女软弱而不能作证，是多么荒唐；认为已判刑之人就是法律上死亡之人而不能作证，是多么幼稚；认为声名狼藉之人不能作证，是多么无聊。所有这些人，只要说不说谎与其没有利害关系，都可以作证。

可见，人证可信度，仅随其与被告人的仇恨、友谊或者其他密切关系的相关程度而相应降低。只有一个人证不足以定罪，因为人证指认而被告人否认，就什么也无法确定。在这种情形下，人人都有权认为自己无罪。

犯罪行为越是骇人残忍，或者越是难以置信，例如巫术和平白无故的暴行，人证可信度就越低。[1] 在前一种的巫术案件中，很可能有不少人说谎，因为幻觉、愚昧无知或者刻骨仇恨会让人认为，某个人拥有上帝并未赋予人类的力量或者已从人类身上取回的力量。在后一种的骇人残忍案件中，对人证也要采取谨慎态度。行为人之所以残忍，是因为与其利益、恐惧或者仇恨有关。总之，没有无缘无故的爱恨情仇，人的感情总是与其印象有关。

倘若人证是某个私人团体的成员，而且这个团体的行为准则和习惯鲜为人知或者异于常情，则人证可信度也会降低。这种人证，不仅受自身情感欲望的影响，而且也受团体成员情感欲望的影响。

---

[1] 有些犯罪学家认为：犯罪行为越残暴，人证可信度就越高。请注意，这种最残暴的愚蠢者臆造的毫无人性的规则是："In atrocissimis, leviores conjecturae sufficiunt, et licit judici jura transgredi."其意思翻译如下："对极其骇人残忍的犯罪，即不太可能的犯罪，法官可以合理推测，有权不理会法律规定。"可见，欧洲人不难明白，这是他们所盲从的无数不合理规则之一。荒谬的立法规定，往往源于人类矛盾主要根源之一的恐惧。立法者——法学家就是这样的人，从利欲熏心的刀笔吏摇身一变成为人们命运的裁判者，死后被尊称为圣人——担心无辜者被冤枉，就规定了诸多无谓的形式和程序。倘若严格遵守这些形式与程序，就会让主张犯罪不受惩罚的无政府主义者登上审判的王位；倘若遇到难以证明的骇人残忍的犯罪，恐惧的他们就会无视自己规定的形式与程序。因此，他们时而专制蛮横，时而懦弱胆怯，把庄严的审判搞成荒诞的儿戏。——贝卡里亚原注

倘若涉及被告人言辞，人证可信度几乎等于零。因为话前、话中和话后的语调、动作等，都可能改变言辞的意思，所以，人证几乎不可能准确重述人们说过的原话。再者，暴力和异常行为——真正的犯罪就是如此——会遗留诸多痕迹和后果，而言辞只能留在听者的记忆中。这种听者，往往是无意中听到的；这种记忆，往往是靠不住的。因此，诬陷一个人说了什么话，比诬陷一个人做了什么事，更为容易；被控的客观情节越多，辩护的途径方式就越多。

第十四章

证据与审判制度论

在确定某一事实的可能性时，例如，确定犯罪证据的证明力时，如下公理极其有用：倘若各个证据是互相依赖的，即无法独自证明什么，或者只能互相证明各自真伪，那么，这样的证据越多，就越无法证明所指向的事实，该事实发生的可能性就越小，因为前一证据被推翻，就会影响后一证据，从而导致所有证据都没有什么证明力。倘若各个证据是各自独立的，即可以独自证明某一事实，那么，这样的证据越多，就越有可能证明所指向的事实，该事实发生的可能性就越大，因为前一证据被推翻，并不影响后一证据，其余证据仍然具有证明力。

也许谈论犯罪的可能性，会让人觉得很奇怪，因为处以刑罚的犯罪，必定是确定无疑的。判处被告人有罪，必须是确定无疑的，因为这攸关每一个人的生命与生活。但是，严格来说，人们内心确信之事，虽然冠以确定无疑之名，却只是事实上的可能性。因此，要是考虑到这一点，对我这样的表述，人们就不再会觉得奇怪。

犯罪证据，可以分为两大类：完美证据和不完美证据。那些排除无罪可能性的证据，我称之为完美证据；那些不能排除无罪可能性的证据，我称之为不完美证据。完美证据，只要有一个，就足以定罪；不完美证据，需要诸多证据，才能组成完美证据，换言之，不完美证据，单独不能排除无罪可能性，唯有组合起来才能排除无罪可能性。也必须注意，不完美证据，倘若被告人能够否认却未否认，就会成为完美证据。

感受证据的内心确信，比给证据的可靠性下准确定义，更为容易。因此，窃以为，规定以抽签方式而不是选举方式为主审法官配备陪审法官之法，是善法。凭感觉进行判断的普通之人，比藉偏见进行判断的有学问之人，更不容易犯错误。在法律规定明确清晰的情形下，法官的唯一职责就是认定事实。倘若寻找犯罪证据需要精明干练，倘若作出结论需要清晰明确，那么，根据结论作出判决，需要的仅仅是比法官学识更为可靠的普通常识。习惯把人看作罪犯的法官，总是容易落入其学识形成的人为窠臼，从而更容易误导人。所以说，生活于法律不是一门学科的国家,该是多么幸福啊!

窃以为,规定人人都由地位同等之人进行审判之法,乃至善之法,因为攸关生命、自由和幸福之事,不应由不平等煽动的那些情感兴风作浪。若如此,就不存在富裕者对贫穷者的幸灾乐祸,就不存在上级对下级怀有的居高临下,就不存在下等人对上等人怀有的怨恨愤懑。但是,犯罪侵犯第三者时,一半法官应由与受审人同等级之人担任,一半法官应由与受害人同等级之人担任。如此,企图改变或者不由自主改变事物本来面目的各种私人利益得以平衡,唯有法律与真相才有发言权。

被告人有权申请其认为可疑的法官回避,是正当的。被告人倘若可以一段时间内毫无争议地行使这种权利,就像是他自己宣判自己有罪一样。

一切判决都应公开,有罪证据也应公开。若如此,就可以让社会舆论——也许是仅有的让社会团结在一起的手段——牵住权力的缰绳和制衡法官的欲望。若如此,人民就可以宣称:“我们受法律保护,我们不是奴隶。”这种话语蕴含的情感,激励着勇敢精神,是献给懂得其真正利益所在的主权者的最佳贡品。

关于审判制度,恕我不阐述细枝末节。即使有人要我详述,我什么也说不出来。

第十五章

秘密控告论

显而易见,秘密控告系弊端,但却受到推崇。在许多国家,由于制度疲软,秘密控告就成为不可或缺之物。这种弊端,让人虚伪莫测。一旦被人视为告密者,就会被人视为敌人。于是,人们习惯于掩饰自己的真实情感,习惯于对其他人摆出一副虚伪面孔,到头来对自己也如此,甚至沦落至如下地步:人们丧失明确原则的指引,漂浮在疑神疑鬼的大海上,整日忙于躲避环绕在身边的恶魔,对莫测未来忧心忡忡,毫无安全感,永无宁日。即使悲惨的生活中偶尔有少许欢乐,也未必能让他们感受到一丝安慰。这是何其不幸啊!

从这样的民众中,能够培养出保家卫国的英勇无畏的战士吗?能够选拔出清正廉明的官员吗?要知道,唯有这些人,才能拥有自由与爱国精神，才能捍卫真正的国家利益；唯有这些人，才能爱国家、爱人民，才能为国家做出贡献；唯有这些人，才能让国家伟大，才能给人民带来和平与安全；唯有这些人，才能让勤劳的人民拥有美好希望，才能让国家充满活力。

当诬告拥有暴政的坚固盾牌——秘密控告——之时，谁能够保证自身不受诬告？统治者怀疑每个公民都是敌人，统治者为了公共安全而不得不剥夺每个公民的安全，这会是何种统治？

秘密控告，能有什么正当理由？是为了保障公共安全，是为了捍卫当前政权的安全吗？怪哉，掌握权力而且掌控比权力更有力的舆论的政权，竟然害怕自己的国民！是为了保护秘密控告人的安全吗？难道法律不足以保护他们，个人比国家更强有力？是为了避免秘密控告人声名狼藉吗？若如此，就是说允许秘密诽谤而惩罚公开诽谤！是犯罪的本质要求吗？倘若称为犯罪的是无关紧要的行为，甚至是有益于社会的行为，控告与审判都不应秘密进行。怎么可能会有侵犯公共福祉而公众不关心、不应以儆效尤而公开审判的犯罪？

我尊重一切政权，我所讨论的不针对任何特定政权。有时会存在如此情形：弊端是制度内在的东西，因此，不难想象，要消除弊端，就要消灭这种制度本身。但是，倘若让我在世上某个遥远的角落起草全新的法律，呈现于我眼前的子孙后代的福祉，将会阻止我那颤抖之手将秘密控告列于法律条文之中。

孟德斯鸠说：公开控告，比较符合共和国性质。[1] 在共和国，追求公共福祉是公民第一愿望。在君主国，因其性质，这种愿望极为淡薄，因此，最好任命专人以国家名义控告触犯法律之人。不过，任何政府，共和国也罢，君主国也罢，都应规定，诬告者反坐。

〔1〕 参见［法］孟德斯鸠：《论法的精神》，钟书峰译，法律出版社 2020 年版，第 202~229 页。——译注

第十六章

刑讯论

为迫使被告人认罪，或为迫使被告人对证供矛盾作出解释，或为迫使被告人揭发同伙，或为迫使被告人供认未指控的其他罪行，或为洗涤某些玄而又玄不可思议的污名，在审判时刑讯被告人，是大多数国家盛行的残忍恶习。

未经法官审判，任何人都不是有罪的；未经认定违反已签订的社会契约，任何人都不能不受社会保护。在罪与非罪尚未确定之前，除强权外，怎能有权对某个公民处以刑罚？这并非什么两难选择。很简单，要么有罪，要么无罪。若有罪，就应依法处刑而不必刑讯，因为认不认罪无所谓。若无罪，就不应刑讯无辜者，因为在法律看来，无法证实有罪就是无辜。

窃以为，期待一个人既是控告人又是被告人，就是意图混淆一切关系;意欲让痛苦成为真相的试金石,就似乎被刑讯者的筋骨皮肉蕴含着检验真相的尺度。若如此,就是宣告身体强壮的恶棍无罪,就是宣告身体虚弱的无辜者有罪。此乃这种臆想尺度的致命弊端。所以,唯有食人族,才需要这种尺度。即使是罗马人,在诸多方面野蛮的罗马人,其凶残备受推崇的罗马人,也仅对其野蛮凶残的牺牲品,即奴隶,采用这种尺度。

在政治社会,刑罚目的是什么?是威慑其他人。秘密刑讯无辜者和有罪者,能实现这一目的吗?毫无疑问,任何已发现的罪行都应受到处罚,是至关重要的。但是,对尚未发现的罪行予以处罚,是无益的。已然之罪,无法避免,政治社会唯有予以处罚,目的是防止其他人抱有犯罪后可以逍遥法外的幻想。倘若由于畏惧或者道德而守法之人比违法之人更多,倘若一个人守法比违法的可能性更大,则刑讯的是无辜者的风险就很大。

刑讯的另一荒谬理由,是洗涤污名,也就是说,法律认定可耻之人,就得用骨关节脱臼证实其口供。18 世纪,不应容忍如此滥权行为。有人认为,作为一种感觉的痛苦,可以洗涤纯粹是道德关系的污名。难道刑讯带来的痛苦是试金石?难道污名是肮脏的混合物?

追溯这一荒谬习俗的起源,并不困难,因为某一国家遵循的某一荒谬习俗,必定总是与其遵循的其他习俗有关。刑讯这种陋习的根源,就是在一切时代和一切民族中,对人们具有巨大普遍影响的宗教。这种绝对正确的宗教教导我们说:人类怯懦产生的罪孽,不配领教万能上帝的永恒怒火,只配用地狱中的某种不可思议的炼火烧掉。既然炼火可以烧掉宗教上的一切污点,那为什么刑讯带来的痛苦不能洗涤世俗的一切污名?

窃以为,某些法庭认为定罪必要条件的被告人认罪,与神秘法庭的宗教忏悔类似,就是源于这种忏悔——听取罪人忏悔是圣事不可或缺的内容。可见,人们竟然滥用了最可靠的神启之光!在愚昧时期,温顺的人们茫然不知所措,唯有求助于神启之光,乃至在各方面极其荒谬地滥用神启之光。其实,污名是不受法律也不受理性而只受舆论支配的一种感觉。实际上,刑讯本身,就是给被刑讯人带来耻辱污名。因此,刑讯就是用耻辱污名洗涤耻辱污名。

刑讯的第三个理由,是被告人的证供有矛盾。刑罚的恐惧、判决的不明、法庭的阵势、法官的威严以及几乎是人所共有的愚昧无知,会让胆怯懦弱的无辜者和竭力自保的有罪者都陷于矛盾的地步。当人们忙于避免迫在眉睫的危险时,即使平素冷静者,此刻也会心绪不宁,乃至陷入矛盾百出的窘境。

这种臭名昭著的真相检验方法,是古代野蛮法律的残存遗迹。那时的水火裁判以及捉摸不定的决斗裁判,都称为神明裁判。它们似乎是上帝手中永恒之链的一环,在无足轻重的人类所创造的制度的持续冲击下,必定都会瓦解。刑讯与水火裁判之间的唯一区别似乎是:前者取决于被告人意志,后者取决于身体状况和外部因素。不过,这种区别只是表面上的,而不是实质上的。在严刑拷打下的痉挛与痛苦中讲真话的概率,与水火审判下不作弊的概率,都一样是微乎其微的。体现意志的一切活动,必定与人的感受力成比例,而每个人的感受力是有限度的。因此,感受的痛苦增加至一定程度,就会完全控制一个人的心智,就会迫使受刑人唯有选择最快摆脱折磨与痛苦的捷径。此时,受刑人的回答,与水火审判的效果,必定是一样的。最终,无法忍受痛苦的无罪受刑人,为尽快摆脱这种折磨,都会招供自己有罪。所以,刑讯逼供与神明裁判,都无法区分有罪之人和无罪之人。在这点上,它们根本没有任何区别。

无辜者被屈打成招为罪犯,如此情形数不胜数,用不着多费笔墨列举。没有哪个国家,没有哪个时代,不存在如此情形。令人奇怪的是,人类竟然对此无动于衷,竟然没有从中汲取教训！难道没有人想过这是完全没有必要的措施，难道没有人反思过这种残酷的审判，难道没有人为此试图逃离社会而返回自由自在的自然状态？是习惯，是内心的暴君，让他畏惧，让他退缩。

刑讯的结果，纯粹是计算问题，取决于不同的个体状况，与个体的力量与感受相关。因此，数学家比法官能更好地解答这道计算题。数学家可以根据无辜者的筋骨肌肉耐受力和皮肉神经感受力，计算出要施加多大的痛苦就可以让其招供某一指定的罪行。

审问被告人，旨在了解真相。倘若从平静状态下的言行举止、动作表情中很难识别真相，则从痛苦状态下扭曲的容貌表情、言行举止中就更难识别真相，因为一用暴力，真假情感之间的任何细微差异，就会遭到抹杀而无法辨别。

古罗马立法者早已认识到这一真理，因此，如前所述，他们只对剥夺了人身权利的奴隶刑讯。英格兰，也接受了这一真理。[1] 这个民族，在科学和贸易方面取得的成就，在财富和实力方面具有的优势，在美德和勇敢方面树立的典范，毫无

[1] 1215年，英格兰国王约翰一世被迫签署《大宪章》，内容之一是禁止刑讯。但是，实践中并未得到严格执行。——译注

疑问足以证明其法律具有优越性。瑞典，也接受了这一真理，[1]是由欧洲一位最英明的君主[2]废除刑讯的。这位君主，让哲学登上王座，通过立法让臣民只服从法律而成为自由平等之人——唯有法律，才能让理性之人拥有自由平等。主要由下层民众组成的军队，似乎更有必要采取刑讯手段，但是，就是军法，也不认为刑讯是必要的。奇哉怪哉，认为刑讯并非多大暴政的立法之人，为平民立法时，竟然应向习惯于流血杀戮而冷酷无情之人学习更人道的审判方式！

即使那些明确否认这一真理之国，也已察觉这一真理，尽管只是模模糊糊地察觉。有些国家规定：刑讯时的招供，倘若事后没有受刑人宣誓确认，就不认为是真实有效的；若没有宣誓确认，就得再次刑讯受刑人。还有些国家及其学者只允许这种声名狼藉的循环论证最多只能使用三次。另有一些国家及其学者则把这个问题留给法官定夺。在这些国家，同样两个无罪之人，或者同样两个有罪之人，坚强勇敢者将被宣告无罪，懦弱胆怯者将被宣告有罪，其僵硬推理模式如下：我，法官，必须查明这一罪行的罪犯。你坚强，忍受了痛苦，我判决

---

〔1〕 1734年，瑞典立法废除刑讯，但是，实践中并未得到严格执行。——译注

〔2〕 指瑞典国王弗雷德里克一世（1676—1751年），在位时间1720—1751年。——译注

你无罪。你懦弱,忍受不了痛苦,我判决你有罪。我知道,屈打成招的口供靠不住,但是,如果你不宣誓确认已交代的东西,我将再次让你遭受痛苦。

刑讯,必然产生如此奇怪的结果:无罪之人比有罪之人,处境更糟糕。倘若两人都被刑讯,无罪之人进退维谷:要么承认未实施的罪行而获罪处刑,要么忍受不应遭受的痛苦而获判无罪。相反,真正有罪之人处于有利地位:倘若足够坚强忍受痛苦而获判无罪,就是把较重之刑换为较轻之刑。因此,无罪之人只能倒霉,有罪之人却占便宜。

规定刑讯之法似乎在说:“人们啊,忍受痛苦吧!倘若大自然赋予了你们不可泯灭的自爱精神,倘若大自然赋予了你们不可转让的自卫权利,我就赋予你们一种完全相反的东西——勇敢地痛恨自己。我命令你们指控自己,即使皮伤筋断骨折脱臼,也要讲实话。”

为查明被告人是否犯有指控之外的罪行而刑讯,不啻说:“你犯了某罪,你就可能犯了一百种罪。你让我深感怀疑,因此,我要用我的真相标准予以核实。法律准予我折磨你,是因为你有罪,是因为你很可能犯有其他罪,或者是因为我希望你犯有其他罪。”

最后,为揭发同伙,也刑讯被告人。倘若刑讯并非查明真相的正确方式，怎能用它发现共犯？毕竟这也是一种有待查明的真相。指控自己之人，难道不是更会轻易指控他人吗？为其他人的罪行而折磨某个人，公平吗？难道不能通过质询人证、审讯罪犯或者审查其他证据而查明共犯吗？总之，难道不能用证实被告人有罪的一切方式，查明共犯吗？一般而言，只要同伙被抓，其他共犯就会逃跑。这些逃跑的共犯命运漂浮不定，就相当于对他们判处永久驱逐出境，就相当于让社会免受他们的进一步伤害。同时，惩罚已抓罪犯，就已实现刑罚目的，即威慑其他人不再犯类似罪行。

第十七章

国库论

曾经有一段历史时期,几乎一切刑罚都是财产刑。臣民犯罪,国王就可以取得其财产。破坏公共安全的行为,可以给国王带来收入;负有保障公共安全职责之人,乐于看到公共安全遭到破坏。在那时,由财税法庭审判犯罪行为,因此,犯罪案件就成为国王与被告人之间的民事案件。法官拥有权力并非为了维护公共福祉,罪犯被科处刑罚并非为了威慑其他人。因此,法官,与其说是铁面无私的真相探寻者,不如说是国库的代理人;法官,与其说是法律的仆人和守护神,不如说是国王的征税人。

在上述制度下,承认有罪,就是承认自己是国王的债务人。那时,一切刑事诉讼的中心任务,就是迫使被告人作出有利于而不是有害于国库的认罪行为。如今仍然迫使被告人认罪，可谓结果比原因存在的时间更久。即使有确凿证据，但被告人拒绝认罪，被科处的刑罚就会轻于认罪时被科处的刑罚，并且不会为迫使其承认其他罪行而对其刑讯。但是，一旦被告人认罪，法官就占有被告人的身体，用各种方法折磨他，目的是榨取尽可能多的利益，就像尽可能从土地上获取收益一样。那时，在证明已发生犯罪事实的情形下，认罪是定案的最佳证据。为了让定案证据无可置疑，就采取刑讯手段折磨被告人，以获取认罪口供。那时，法庭外平静状态下的陈述，由于不是法庭刑讯威逼下的口供，认为不足以定案。那些有利于澄清事实而有损于国库利益的调查取证，皆被取消。倘若被告人幸免遭受刑讯折磨，不是因为出于怜悯，不是因为出于人道，而是因为出于保护国库这个机构荒诞而不可思议的利益。

因此，法官，就是被告人的敌人，就是那个戴着镣铐、痛苦悲伤而命运叵测的牺牲品的敌人；法官，不是寻求事实真相，而是在囚徒中寻找罪犯；法官，给被告人设置陷阱，若无法成功让被告人招供，就认为是自身的失败，就认为是有损自身一贯正确的威信；法官，有权决定逮捕条件是否充分；法官，为证明某个人无罪，必先推定那个人有罪。这就是所谓的纠问式诉讼。在 18 世纪的文明欧洲,刑事诉讼几乎都是这种模式。为理性所要求的、不偏不倚地查明事实真相的抗辩式诉讼,尽管得到军事法庭的采纳,尽管已被专制的亚洲用于一些不重要的诉讼之中,但是,在欧洲的法院几乎没有得到采纳。

这是何其荒诞古怪!如此荒诞的现象,我们幸福的后代肯定难以置信。到那时,唯有哲学家在研究人类本性时,才能够解释清楚为何可能存在如此制度。

第十八章

宣誓论

在被告人能够从说谎中取得极大利益时，为让其所说真实可信，就要求其向上帝宣誓讲真话，这会导致法律与人类自然情感之间产生明显矛盾。如此宣誓，犹如要求人们宣誓自取灭亡一样，犹如宗教可以干预人们选择自身利益一样。

历史表明，最常滥用的就是宗教。倘若最贤明者都常常亵渎宗教，凭什么要罪犯尊重宗教？对大多数人而言，在抵御恐惧侵扰和生活诱惑的斗争中，宗教的力量太微弱，因为其太脱离人们的实际感觉。处理天上事务的法律与处理地上事务的法律，完全不同。为何要把两者混同？为何要让人们陷入恐怖的两难选择：要么亵渎上帝，要么自取灭亡？因此，规定如此宣誓之法，要么要求人们成为坏基督徒，要么要求人们成为殉道者。于是，如此宣誓，逐渐演变为一种空洞仪式。如此这般，就会摧毁宗教感情——对大多数人而言，这是诚实的唯一保证。

经验表明，宣誓毫无用处，无法迫使任何罪犯说出真相。对此，每一个法官都可以为我作证。理性告诉我们，一切同人类天然情感抵触之法，必定毫无用处，而且有害。如此之法，犹如逆水建造的堤坝，要么被立即冲垮，要么被堤坝造就的旋涡逐渐侵蚀而毁坏。

第十九章

刑罚及时性论

惩治犯罪的刑罚，越迅速及时，就越公正有益。

刑罚越迅速及时就越公正，是因为可以让有罪者免受不必要的残酷折磨。由于命运叵测，想象力越丰富，就越感到自身软弱，就会越受折磨。之所以说刑罚越迅速及时就越公正，还因为作为刑罚的剥夺自由，若无必要，就不应在判决前施行。判决前的羁押，虽然只是确保被告人接受审判的一种手段，但实质上也是一种刑罚，应尽可能缩短时间，应尽可能不苛刻对待。最短羁押时间，应根据调查案件的需要和早羁押早受审的先后顺序而定。审判前的羁押，应当以防止被羁押人逃跑或者隐匿罪证为限；案件审理，应当在尽可能短的时期内完成。法官懒懒散散，被告人心急如焚；法官冷酷无情，被告人痛苦不堪;法官安逸舒适,被告人伤心落泪。如此对比,何其残酷!一般而言,刑罚严厉程度和犯罪下场,既应当能给其他人产生最深刻的印象,又应当尽可能带给犯罪人最轻的痛苦,因为不把人们尽可能遭受最少痛苦作为基本原则的社会,就不能称之为公正社会。

刑罚越迅速及时就越有益,是因为犯罪与刑罚的间隔时间越短,犯罪与刑罚这两种观念的联系,在人们头脑中就越突出持久,人们就会很自然把前者视为原因、把后者视为不可避免的结果。事实表明:观念的联系,是建造人类智慧大厦的水泥,否则,欢乐与痛苦就是孤立情感,不会产生什么作用。人们越远离共同观念或者普遍原则,也就是说,越愚笨粗俗,就越会根据比较接近和熟悉的观念行事,而越不会根据比较遥远和复杂的观念行事。后一种情形,唯有醉心追求某一目标之人,才能做到,因为其聚焦于这一唯一目标,对其他一概视而不见;唯有卓越之人,才能做到,因为其胸怀全局,往往能够正确权衡利弊。

因此,唯有犯罪与刑罚紧密相连,才有价值,才能让普通人从某种有利可图的犯罪场景中联想到接踵而至的刑罚,从而幡然醒悟。拖延处以刑罚,将会造成犯罪与刑罚这两种观念的脱节,将会让人觉得不是惩罚而是表演。及时处刑,有助于强化刑罚的威慑作用,否则,必将削弱刑罚的威慑作用。

此外,强化犯罪与刑罚两者之间重要联系的另一有效方式,就是刑罚应尽可能与犯罪性质相对应。这种对应关系,有助于发挥刑罚的威慑作用,抑制人们产生犯罪动机,引导人们抵御犯罪诱惑。

第二十章

暴力犯罪论

有些犯罪侵犯人身,有些犯罪侵犯财产。前者无疑应当处以身体刑:无论是官员还是富人,都不应有权用金钱赎买对弱者和穷人的侵犯,否则,受到法律保护的作为劳动报酬的财富,就会滋养暴政。倘若在一定情形下,法律允许人不再是人而只是物,就会丧失自由,就会看到强者将竭力挖掘这种法律规定以满足其利益。如此规定,是强者把国民变成受奴役的牲畜的神奇魔术,是强者束缚弱者和鲁莽者的锁链。正因如此,所以,有些国家表面上很自由,实质上暗藏着暴政。这种暴政,潜入立法者忽视的角落,不知不觉地积蓄力量而成气候。人民常常只注意建筑坚固的堤坝预防公开的暴政,但却忽视"千里之堤,毁于蚁穴"。

第二十一章

刑上贵族论

各国法律的大部分内容是规定贵族的特权，那么，贵族犯罪，应处什么刑罚？

此处无意探讨下列问题：贵族与平民的世袭差异，对某一政体是否有益？对君主政体是否必要？是否可以形成中间权力阶层而制约两极的极端行为？是否可以形成是自身和他人的奴隶的等级阶层，而把信任与希望的交流限制于极其狭小的圈子里，犹如散布于广袤的阿拉伯沙漠之中的富饶而宜人的绿洲？是否不平等在社会中是必然的或者是有益的？若如此，不平等，是否应存在于阶层之间而不应存在于个人之间，是否只应存在于社会的某一部分而不应存在于整个社会，是否应一成不变或是有生有灭？

此处只探讨贵族的刑罚问题。我主张:王子犯法与庶民同罪。任何合理差异,无论是名誉上的还是财富上的,都应以法律上平等为前提,即法律应对所有社会成员一视同仁。应当可以推定,当初人们放弃自身的天然专制权力时曾说过:谁更勤劳,谁的声望就更高并可以传给子孙后代;谁更幸福、更受尊敬,谁的希望就更多。因此,他对让其享有如此声望的契约遭到破坏的担心,不亚于其他人。当然,这种内容,并非某个人类立法机构规定的,而是蕴含于事物的不变关系之中的。它并非要取消贵族阶层的世袭利益,而是要防止其可能带来的弊端,堵塞可能导致犯罪不受处罚的漏洞,让人人都敬畏法律。

也许有人会说:对贵族和平民判处同样的刑罚,实际上是不平等的。因为两者所受教育不同,所以,同样的刑罚,贵族家庭感受到的耻辱会更大。窃以为:刑罚标尺,并非罪犯的感受,而是社会受到的危害。社会地位越高之人犯罪,造成的社会危害就会越大。刑罚上的平等,只能是表面上的,实质上是因人而异的。再者,犯罪人家庭蒙受的耻辱,可以由主权者对无辜家庭公开表示恩惠而洗刷。谁都知道,对于容易轻信而感动的人民而言,这种恩宠仪式能够取代理性的地位。

第二十二章

盗窃罪论

对不牵涉暴力的盗窃罪,应当适用财产刑。对大发他人之财的犯罪者,应剥夺其部分财产。但是,盗窃通常是由于贫困到绝望才产生的犯罪,是不幸者的犯罪。所有权——于他们而言,是可怕的权利,也许是不必要的权利——为他们保留的只是一贫如洗的地位。此外,财产刑要求犯人付出的数额超过其窃取的数额,会迫使无辜者为犯罪付出代价,剥夺无辜家庭的生活所需,造成新的贫困,从而增加盗窃犯罪。因此,于盗窃而言,最合适的刑罚,也是唯一公平的刑罚,就是苦役,即在一定时期内,把犯罪者的人身和劳动完全交给社会支配,迫使其弥补任意践踏社会契约造成的损失。

盗窃时倘若采用了暴力,就应同时适用身体刑和苦役刑。

早有学者指出：对暴力盗窃和单纯盗窃，不加区别地适用同样的刑罚，荒谬地用大笔钱抵偿人命，就会产生显而易见的害处。重述这些几乎从未得到践行的真理，永远不会多余。相对于其他任何机器，政治机器更为持久地坚持原方向，更为缓慢地适应新方向。总之，上述两种罪行，有着本质区别。不同质就没有可比性，这一数学原理同样适用于政治。

第二十三章

耻辱刑论

人身侮辱有损于名誉，换言之，有损于国民有权从他人处获得应有尊重。对此，应处以耻辱刑。耻辱刑，是受公众谴责的标志，即剥夺有罪之人享有的公众拥戴、社会友爱和祖国信任。

耻辱并非取决于法律。法律规定的耻辱刑内容，必须是符合源自事物本性的耻辱，必须是符合源自普遍道德的耻辱，或者必须是符合源自某国立法者为控制舆论而采用的特定制度所倡导道德的耻辱。否则，要么是法律得不到尊重，要么是道德与正直观念丧失。任何空洞说教，都无法抵御榜样力量，因此，将无关紧要的行为宣布为耻辱，就会淡化真正耻辱行为的耻辱。

耻辱刑，不应过于频繁适用：过于频繁适用，将会削弱舆论力量。耻辱刑，不应同时大批量适用：大家都遭受耻辱，就等于无人遭受耻辱。

对因傲慢而产生的犯罪，不应适用痛苦的身体刑，因为痛苦本身只会助长这种犯罪并带给犯罪人荣耀。相反，对这种犯罪，唯有耻辱与讥笑才适宜，因为大众的傲视可以压制狂人的傲慢，甚至真理本身也唯有动员一切力量才能逐渐战胜这种大众舆论。因此，用力量对付力量，用舆论对付舆论，聪明立法者就是这样让民众逐渐醒悟，抛弃伪装成真理的荒谬之说。

上述做法，就是避免混淆事物关系或者不可改变事物本性的方式。不受时间限制并不断起作用的事物本性，能够推翻和消灭一切与其规律不相符的规定。服膺这一普遍真理的，不仅有令人赏心悦目的艺术——它把模仿大自然作为其普遍原则——而且还有政治，真正而永恒的艺术——它是协调人类天然永恒情感而使之和谐共存的高超艺术。

第二十四章

政治惰性论

英明政府不允许在人民辛勤劳动的肌体内,有政治惰性存在。古板卫道士把这种政治惰性,与财富积累上的惰性混为一谈。随着社会的不断发展和行政管理的日益严格,财富积累上的惰性,在一定范围内是必要而且是有益的。

我所说的政治惰性,是指对社会既不贡献劳动又不贡献财富、只求索取而不付出、平庸者艳羡而贤明者厌恶、丧失追求幸福生活的进取心而把全部精力耗费在强烈舆论上的状况。享受祖先罪恶或者美德果实,为了欢愉而向辛勤劳动的贫困者发放面包等生活物资,在和平时期用财富掀起无声贸易战争而不是用武力掀起危险血腥战争,并非政治惰性。

决定何种惰性应处以刑罚的,是法律,而不是卫道士口中古板、严厉而狭隘的道德。

第二十五章

放逐与没收财产论

谁破坏社会安定,谁不遵守法律,即不遵守人们藉以互相忍让和保护自身的约定条件,谁就应受到社会排斥,即应予以放逐。

那些被控犯有极其恐怖罪行之人,有重大嫌疑而无充足证据确证时,显然应予以放逐。放逐之法,既要尽可能不武断,又要尽可能明确。谁让国家必定处于要么恐惧他、要么冤枉他的两难选择,就应放逐谁。但是,应保留被放逐者拥有证明自己无罪的神圣权利。放逐本国人比放逐外国人,放逐首次被控告之人比放逐屡次被控告之人,理由必须更充分。

对放逐之人,应否没收其财产?这个问题,可以从不同角度予以考察。

没收财产,重于放逐,因此,应根据具体情形,予以没收全部财产,或者予以没收部分财产,或者不予没收财产。倘若放逐是切断其与社会的一切联系或者关系,就应没收全部财产。在这种情况下,他丧失了公民身份而只是一个自然人。对国家而言,丧失公民身份与自然死亡无异。既然无异于死亡,财产就应由其合法继承人继承。但是,这并非我反对没收财产的理由。有些人坚称,没收财产可以限制其复仇能力和拥有过大实力。可是,他们没有注意到:这种刑罚,尽管于国家有利可图,却并非必要,因而是不公正的。有利可图而不公正的刑罚,立法者绝对不会允许,目的是防范暴政。如此暴政,以眼前利益诱惑少数显要,将导致无数普通人痛苦流泪,必定毁灭国家的未来。

没收财产之法,是在国民头上标价,会迫使无罪者随同有罪者受罚,会导致他们贫困绝望乃至沦为罪犯。家长犯罪,全家蒙受耻辱和遭受苦难,何其悲惨!本来全家不会走向犯罪,因法律如此规定而导致他们沦落为罪犯,何其痛心!

第二十六章

家庭精神论

值得注意的是，诸多可悲的、不公正的做法，竟然得到最贤明之士的赞许，竟然在最自由的共和国得到施行。之所以如此，是因为他们把国家视为家庭联合体而不是个人联合体。

假设有十万人，分成两万个五口之家，每家有一个代表家庭的主人或者家长。倘若社会是家庭联合体，就有两万主人和八万奴隶；倘若社会是个人联合体，就有十万公民而没有奴隶。在前一种情形，组成共和国的，是两万个小君主国。在后一种情形，共和国精神，不仅洋溢于公共广场和会场，而且吹进人人都享受大部分幸福或者遭遇不幸的家家户户。在前一种情形，法律与习俗通常是由共和国成员即小君主的情感所决定的，因此，君主精神，就会逐渐渗入共和国，只受对立个体利益的约束而不受自由平等情感的约束。家庭精神，是处理琐碎和无关紧要之事的精神。共和国精神，是处理大是大非和共同利益之事的精神，其基本原则是为最大多数人谋福祉。

在由家庭组成的共和国，只要家长在世，子女就要接受家长的统治，而且唯有指望家长去世才能取得依靠法律生活的地位。在情感较少受后天习得的中庸思想影响的精力旺盛的青年时期，就习惯生活于唯唯诺诺的恐惧之中，那到了年老体衰、失去活力而甘于现状、不思进取的暮年时期，如何能够冲破邪恶为美德设置的障碍？

在人人都是公民的共和国，家庭中服从的依据，不是命令，而是契约。子女摆脱因年幼、受教育和受保护而必需的自然依附状态后，就成为国家的自由公民。此时，他们服从家长，是为了分享家庭利益，正如社会上的自由公民普遍为了分享利益而服从组织一样。

在由家庭组成的共和国，国家人口中最多且最有用的年轻人，任由父亲摆布。在人人都是公民的共和国，除神圣的、牢不可破的、必不可少的互帮互助关系和接受恩惠后的感恩关系外，子女与父辈之间不存在任何服从关系——这种关系的消失，与其说是人类心灵败坏的结果，不如说是法律错误规定的结果。

家庭法律与共和国基本原则之间的这种矛盾,是家庭道德与社会道德之间诸多矛盾的根源,从而在人们内心产生了永恒的冲突。前者倡导服从和畏惧,后者倡导勇敢和自由。前者要求为并非自身选择的少数人谋福祉,后者要求为所有人谋福祉。前者强令人们不断为所谓的家庭福祉——尽管称为家庭福祉,其实并非每个家庭成员的真正福祉——的虚无偶像而牺牲自身,后者教导人们合法谋取自身利益或者激励人们为国家做出牺牲。这些矛盾,削弱了人们追求美德的愿望,因为处于迷雾之中的美德几乎无法让人辨识。人类回首往事时,莫不甚感惊讶,自身行为何其荒唐!

随着国家扩大,每个成员日益成为整体中越来越小的一部分,共和国精神也相应削弱,除非法律注重强化这种精神。就像人的身体一样,国家扩大也有限度,超过限度就必然引起经济混乱。很显然,国家大小应与国民敏感度成反比,否则,即使善法带来的福祉,都会变成预防犯罪的障碍。疆域过大之国,为避免专制,唯有划分为若干加盟共和国。何以实现这一目标?唯有像苏拉[1]那样勇敢的,不但具备破坏天才而且

---

〔1〕 苏拉(公元前138—前78年),古罗马著名统帅,曾任执政官,古罗马第一个终身独裁官,勇猛狡猾,开创军事独裁先河,为罗马帝国的建立奠定了基础。公元前79年,如日中天的苏拉主动辞职退隐。——译注

具备建设天才的专制独裁者,才能做到这一点。这个人,倘若是野心家,就会获得永恒的荣耀;倘若是哲学家,而且不会不在乎人们的忘恩负义,就会在丧失权力后,因受到同胞祝福而甚感宽慰。

随着把人们联结在一起的感情的削弱,人们对周围事物的感情就会增强。因此,在最严厉的专制统治下,友谊最为持久,最不起眼的家庭美德就会成为最普遍的美德或者毋宁说是唯一的美德。

由此可见,绝大多数立法者的眼光,何其有限!

第二十七章

刑罚轻缓论

心中畅想让我偏离主题,现在言归正传。

更有效预防犯罪的手段,不在于刑罚严厉性,而在于刑罚必然性。刑罚必然性要求法官忠于职守、铁面无私,而这一切,在法律轻缓条件下才有可能成为有益的美德。刑罚轻缓但必然受到惩处,比刑罚严厉但可以逍遥法外,更让人感到恐惧。对人类本性而言,最轻而必然承受的恶果,总是让人心悸;最重而有望躲避的恶果,往往可以驱散恐惧,尤其是由于法官软弱或者贪腐而导致该处罚而不处罚的现象频繁发生时,拥有那种可以逍遥法外的上帝恩赐之希望,就更会让人有恃无恐。

刑罚过于严厉,就会造成如此局面:面临的后果越大,就越会竭力逃避惩罚;为逃避前一罪行的惩罚,就会犯下更多的罪行。刑罚最严酷的年代和国家,往往就是最血腥、最不人道的,往往就是犯罪最骇人听闻的,因为立法者和犯罪者均受残暴精神的支配。王座上的这种残暴精神,可以制定铁一般的法律,让内心凶残的奴隶唯命是从;阴暗处的残暴精神,可以煽动人们杀死暴君,让新君取代旧主。

刑罚越严厉,人心就越残酷无情,犹如液体总是与其周围物体保持同一水平一样。人的欲望生机勃勃,乃至历经百年残酷后,车裂并不比从前的监禁显得更可怕。只要刑罚带来的恶果超过犯罪所得的好处,就可以实现刑罚的效果。超过好处的恶果,指刑罚的必然性和犯罪预期利益的丧失。凡是超过这一范围的,皆为多余,皆为残暴。

调整人们行为的,是已知的反复呈现的恶果观念,而不是未知的恶果观念。假设有两个国家,在犯罪与刑罚的梯度体系中,一国的最重刑罚系终身苦役,另一国的最重刑罚系车裂。窃以为,两国刑罚同样恐怖。倘若出于某种理由,要在第一个国家规定像第二个国家那样的最重刑罚,那么,根据同一理由,第二个国家的最重刑罚也应加重,由车裂到更为挖空心思的酷刑,直至暴君们无比深谙的这门学科的顶点。

刑罚严厉,还会造成与预防犯罪目的相悖的两种有害后果:第一种后果是,难以维持罪刑关系应有的均衡状态。无论暴政者如何挖空心思,残忍地翻新刑罚花样,但刑罚终究不能超越人体感受的极限。超越这一极限,对于更加有害、更加凶残的犯罪,就无法找到可以起到预防作用所必需的、相应的、更重的刑罚。第二种后果是,刑罚严厉,会导致犯罪不受惩处的情形。对人类本性而言,善恶皆有度;过分残暴的场面,只能是暂时的,不可能成为法律制度所固化的现象。法律倘若真的太过残酷,要么必定会被修改,要么必定会不被适用从而出现犯罪不受惩处的情形。

纵观历史,目睹那些自命不凡的铁石心肠者发明并付诸实施的野蛮而无益的种种酷刑,谁不会触目惊心?想到有利少数人而欺压多数人的法律,有意造成或者容忍成千上万人陷于悲惨境地乃至绝望地重返自然状态,谁不会毛骨悚然?看到只是由于忠于自身信念就被罗织罪名,或者只是由于愚昧无知就被指控实施不可能实施的犯罪,谁不会瑟瑟发抖?眼看具有同样感情与欲望者,为疯狂取乐而用残酷刑讯手段慢慢折磨不幸者,谁不会出离愤怒?

第二十八章

死刑论

滥施极刑,从未教人弃恶从善。这促使我研究:在善治之国,死刑是否真正正当有益?

人们杀死同类,依据何种权利?毫无疑问,当然不是创设主权和法律的权利。如前所述,主权与法律,不是别的什么东西,而是每一个人的小小个人自由的总和,代表的是统一个人意志的公共意志。可是,谁愿意把生杀大权给予他人?每一个人贡献给社会的那一部分小小的个人自由,包括最宝贵的生命,可能吗?倘若可能,那如何与无人有权自杀的原则相协调?倘若能够把生杀大权交给他人或者社会,那就应当拥有自杀权。

如我所述,死刑,并没有任何权利依据。死刑,是国家与国民之间的战争,因为国家认为,杀死这个国民是必要的或者是有益的。倘若能证明,杀死国民既非必要也非有益,就是捍卫了人类事业。

唯有符合如下两种情形之一,剥夺国民生命才是必要的:第一,剥夺自由后,他还拥有实力危害国家安全;第二,不剥夺生命,就存在可能颠覆政权的危险。换言之,在国家濒临丧失自由时,或者在国家处于无政府状态时,即在混乱取代法律时,剥夺国民生命才是必要的。在法律正常实施的情形下,在政权符合全体人民意愿的情形下,在国家完全能够抵御国内外敌人的情形下,在社会舆论没有扭曲的情形下,在国家权力由真正的主权者掌握的情形下,在财富可以换取享乐却不能换取权力的情形下,就没有必要剥夺国民生命。除非处死某个国民是制止其他人犯罪的唯一有效手段,否则,死刑,就是不正当的,就是不必要的。

历史经验表明,死刑从未让决意危害社会者回心转意。在不适用死刑上,罗马公民大会为我们树立了榜样。[1] 统治

〔1〕 罗马共和国时期,除指挥军事作战的百人团公民大会有权对触犯军纪者处以死刑外,库里亚公民大会和部落公民大会均无权对犯罪公民处以死刑。——译注

俄罗斯 20 年的女沙皇伊丽莎白[1]发布命令废除死刑，为一切统治者树立了杰出典范，而且这一典范，丝毫不逊色于她用俄罗斯年轻人鲜血换来的对外征战的诸多胜利。倘若上述经验与榜样都无法说服那些只信仰权力而怀疑理性者，那么，唯有考察人类本性，才能让其信服我的观点合乎真理。

给予人类心灵最大影响的，并非刑罚的强烈度，而是刑罚的持久度。最容易、最持续触动人类感觉的，不是稍纵即逝的强烈刺激，而是反复呈现的轻微刺激。一切有感觉的生物，都是受习惯支配的。人们说话、走路和生活的方式，都是习惯养成的。道德观念亦然，也是通过长期而反复的刺激，才铭刻于我们头脑中。处死罪犯，只是瞬间的恐怖场景，并非有效阻吓犯罪发生的手段。相反，剥夺自由而迫使其像牲畜一样长期从事苦役，以弥补给社会造成的危害，倒是最有效阻吓犯罪发生的手段。它可以反复提醒人们：犯下类似罪行，就要长期做牛做马。这种提醒，比遥远而模糊的死亡观念，更为有效。

健忘乃人类本性，欲望加速健忘，即使对待最重要之事亦然。无论死刑印象何其强烈，也无法抵御健忘。普遍规律是：

[1] 伊丽莎白（1709—1762 年），彼得大帝之女，俄罗斯罗曼诺夫王朝第十位沙皇、俄罗斯帝国第六位皇帝（1741—1762 年），于 1754 年立法对非军事犯罪废除死刑，在数次对外征战中取得胜利。——译注

强烈印象,只能暂时攫取人心,但无法长久。在社会动荡年代,它可以瞬间让普通人蜕变为冲锋陷阵的斯巴达人或者波斯人。在自由和平年代,虽不强烈但持续的印象,却可以长久攫取人心。

执行死刑的场面,对大多数人而言,激起的是愤怒与同情。占据人们内心的,更多的是这两种情感,而不是法律预期的有益的恐惧。相反,轻缓而持续的刑罚,唯一激起的是恐惧,或者主要激起的是恐惧。刑罚,与其说是为罪犯设立的,不如说是为旁观者设立的。当严酷刑罚激起的同情占据统治地位时,立法者就应作出调整。

正当的刑罚,其严厉不应超过足以阻吓其他人犯罪的程度。无论犯罪能够带来何种利益,没有谁权衡后会选择走上那条完全而永远丧失自由之路。因此,即使为阻吓最决意犯罪之人,终身苦役也足以取代死刑。其实,终身苦役甚至更为恐怖。面对死刑,有许多人泰然自若:有些人是出于狂热,有些人是出于终其一生的空虚,有些人是出于最终的绝望——或死亡,或终结不幸。狂热也罢,虚荣也罢,绝望也罢,在脚镣手铐面前,在苦役牢笼面前,不是结束苦果,而是开始吞食苦果。

人的精神,可以忍受一时的暴力和极端痛苦,但不愿忍受长期而不间断的折磨;对于刹那的暴力与痛苦可以暂时收缩应对;对于长期的折磨无法坚持收缩应对。

死刑每为国民树立一次警示榜样,都需要新的犯罪;终身苦役为国民树立无数而永久的警示榜样,只需要一次犯罪就可以。死刑,必须经常执行,才能让人们感受法律的威力。这意味着需要经常发生可以适用死刑的犯罪。如此这般,死刑必定是同时有益而又无益的,换言之,死刑没有什么效果。

有人认为,终身苦役与死刑一样,都是痛苦而残酷的。窃以为,终身苦役的全部痛苦倘若集中于某一刻,其残酷程度甚至超过死刑。苦役的痛苦是分散于各阶段的,死刑的痛苦是集中于刹那间的。苦役还有一个优势,就是旁观者比受刑者更恐惧。旁观者感受到的,是全部痛苦。受刑者感受到的,是当下痛苦。此刻的痛苦,让受刑者无暇分心于未来的痛苦。旁观者的想象力,夸大了全部的痛苦。受刑者能够找到安慰和力量,这是旁观者无法体验和理解的。

我明白,唯有依靠教育,才能习得分析论证的艺术。抢劫犯和杀人犯,即使不能很好地分析论证自身行为准则,但也不能据此推论,他们不遵循任何准则。请看看,这就是唯有绞刑或者车裂才能阻吓其抢劫或者杀人行为的罪犯的分析论证:

“要我遵守的,是啥狗屁法律?是在我和富人之间设置鸿沟的法律！一毛不拔的富人，冠冕堂皇地要我做他们自己根本不会做的苦役。这种法律，谁定的？是有权有势者。对穷人简陋的茅舍，他们素来不屑一顾；眼看饥肠辘辘的孩童在哭叫、艰难度日的妇女们在落泪，他们连一块发霉的面包也不肯施舍。只为少数懒惰暴君服务而给大多数人带来灾难的绳索，定要斩断。这种不公，定要从根子上铲除！我要重返自然独立状态，自由幸福地享受勇敢与勤劳的果实。也许有一天会迎来痛苦与忏悔，但这只是暂时的。一时痛苦，换取的是多年的自由与欢乐。作为少数人之王，我要扭转乾坤，让那些暴君在惨遭百般羞辱的牛马不如的人们面前，面如土色，瑟瑟发抖！”

就这样，无法无天的罪犯也会想起宗教。只要简单忏悔一下，宗教就许予其几乎确定无疑的永恒幸福，从而可以大大减轻其面对悲惨结局的恐惧感。

可是，一个人想到自己必定将在其曾自由交往的同胞眼皮底下，长期乃至终生都在痛苦与奴役中度过，成为曾保护他的法律的奴隶，就会把这种不幸与成败未卜的犯罪以及可能短时享受的犯罪果实进行比较。这种比较，是有益的。不断呈现在他眼前的如此悲惨结局，比与其说改造人不如说让人更为冷酷的执行死刑场面，更为震撼。

死刑不可能有益，因为它提供的是残酷榜样，倘若欲望或者战争必定要人们付出鲜血，那么，旨在让人们性情温和的法律，树立残酷榜样尤其是大张旗鼓合法杀人这样更为恐怖的榜样，是要人们付出更多鲜血。窃以为，体现共同意志的法律，在禁止并惩罚杀人行为的同时，却为阻吓杀人行为而公开杀人，何其荒谬！

何谓真正最有益的法律？就是在私人利益沉默或者私人利益符合公共利益时，人们都愿意遵守的那些契约与规则。人们对死刑的自然情感是什么？就是自然流露的愤怒鄙视刽子手的情感。其实，刽子手是无辜的，他只是公共意志的执行者，只是促进公共福祉的善良人，只是像英勇无畏对外作战的士兵一样维护国内治安的工具。对待两者的态度，截然不同，根源何在？为何人们不顾理性而流露出这种自然情感？这是因为，在人们心灵的最深处，仍然保留着原始的自然情感。这种情感总是告诉人们，除用铁腕手段统治宇宙的万能上帝外，任何人对其他人都不拥有生杀大权。

目睹贤明的司法官和严肃的执法官以漠不关心和泰然自若的态度将死刑犯拖上刑场，人们会怎么想？目睹不幸者等待致命一击而瑟瑟发抖，而判处死刑的法官漠然视之，甚至暗自窃喜自身拥有权力而离开刑场去享受安逸的生活时，人们又会怎么想?

人们会感叹道:“唉!法律原来是施暴的借口。煞费苦心的司法流程,原来是残酷的代名词,只是为了更稳妥地屠杀我们,只是为了让我们成为贪得无厌的专制偶像的牺牲品。他们宣传说,杀人是骇人的滔天大罪,可是,我们看到的是有人若无其事地杀人。他们以死刑警示我们,描述的是恐怖的死刑执行场面,可是,我们看到的只是瞬间就了结的事情,对没有想到处死而不知死有什么痛苦的人来说,处死并没有传说的那么恐怖。”这就是决意犯罪之人,作出的有害而错误的推理。对这些人而言,滥用宗教的影响比宗教本身的影响还大。

若有人反驳说,几乎历代历国都对某些犯罪适用死刑,那我的回答是:在不受时效约束的真理面前,如此情形能说明什么?人类历史是一望无际的谬误之海,但此处或者彼处隐约漂浮着点滴真理。几乎所有民族都曾有用活人祭祀的风俗,谁敢据此认为这就是正当的?有少数国家废除死刑,或者曾在短期内废除死刑,就是对我观点的支持。伟大真理的命运,犹如照亮人类谬误漫漫长夜的闪电,就是瞬间闪现的。幸福时代一旦降临,真理,就会像眼下谬误为绝大多数人所接受一样,将由绝大多数人掌握。但是,到目前为止,唯有神启真理不受这一普遍规律的支配。

在盲从愚昧习惯的大众喧嚣中，哲学家的声音极其微弱。不过，分散于大地上的少数贤明之士，必将在内心深处回应我的呼声。真理，倘若可以越过重重障碍，就会随同人类内心深处的愿望，幸运地抵达王座并告诉欣然接受它的君主：在真理面前，征服者的荣耀暗淡无光；追求公正的子孙后代，更加引以为豪的，是君主服膺真理的和平壮举，而不是提图斯[1]、安敦尼[2]和图拉真[3]的丰功伟绩。

倘若我们看到，倡导科学、艺术、和平与美德的仁慈君主，作为头戴王冠的国民，作为人民之父，而且是目前在欧洲王座上的国王，现在才破天荒第一次颁布法律，人类该是多么幸福啊！在阻碍人民真诚愿望上达仁慈君主的暴虐中间权力阶层

[1] 提图斯（39—81年），罗马帝国皇帝（79—81年），施政仁慈宽和，受到人民普遍爱戴。去世后，元老院授予其“神圣提图斯”称号。——译注

[2] 安敦尼（86—161年），罗马帝国皇帝（138—161年），安敦尼王朝“五贤帝”中第四位皇帝。在其统治时期，罗马帝国达至全盛顶峰，如在图拉真开拓的不列颠疆域基础上，击退苏格兰部落的骚扰，把边界向北推进100公里，建立“安敦尼墙”。因此，罗马帝国“五贤帝”统治时期，被人们称为“安敦尼王朝”。——译注

[3] 图拉真（53—117年），罗马帝国皇帝（98—117年），安敦尼王朝“五贤帝”中第二位皇帝。对内，巩固了罗马的经济和社会制度；对外，发动战争，立下显赫战功，将罗马帝国疆域扩张至几乎是历史上最大范围，东起两河流域，西及不列颠的大部分地区，南至埃及、北非，北抵莱茵河和位于多瑙河以北的达西亚，地中海成为帝国内海。曾建立“图拉真纪功柱”记载自身功绩，罗马元老院授予其“最佳元首”称号。——译注

被摧毁后,扩大君主权力,就是增进国民幸福。倘若这些仁慈君主还保留某些陈旧法律,窃以为,那是因为要铲除历代遗留的仍然受人推崇的斑斑锈迹的谬误,确实存在无穷无尽的困难。正因如此,每一个贤明的国民都希望继续增强仁慈君主的权力。

第二十九章

审前羁押论

执法官员有权任意羁押公民，随便找个借口就可以剥夺仇敌自由，或者无视罪证确凿而让亲友逍遥法外，这也是与保障个人安全的社会宗旨相悖的普遍弊端。

审前羁押，不同于其他刑罚，是在判决有罪前，有必要时采取的特殊刑罚措施。但是，它仍然具有其他刑罚共有的基本特点，即唯有法律才能规定应在何种情形下采取这种措施。因此，法律应明确规定，具备哪些罪证才足以羁押被告人并使之接受审判。口碑声望、逃跑、庭外认罪、共犯指证、威胁或者惯常仇视被害人、涉嫌犯罪的具体情节以及其他类似罪证，都是足以证明应羁押的证据。不过，这些证据，应由法律规定，而不是由执法官员决定。执法官员的决定，倘若不是法律规定的一般规则的具体适用,就永远是侵犯政治自由。

随着刑罚轻缓化,随着牢狱远离黑暗和饥饿,随着人道精神与同情之心穿过牢门而感染那些铁石心肠的执法官员,法律能够满足于有微弱罪证就可以羁押犯罪嫌疑人。

被控犯罪、被羁押、被审判但最终被宣告无罪之人,不应被污名化。曾经有多少古罗马人,被控犯有极其严重罪行,但在宣告无罪后,受到人民尊重,并经人民选举担任重要职务!为什么当今时代,无辜的被告人命运,竟然如此迥异?这是因为,在人们看来,当今的刑罚制度,体现的是实力与权力而不是公正。这是因为,将被告人和已决犯不加区别地关押在一起。这是因为,羁押场所,与其说是关押被告人之地,不如说是执行刑罚之地。这是因为,维护法律的对内力量与捍卫国家主权的对外力量,本应统一协调,却各自分离。倘若对内对外力量是统一协调的,前者就是与审判权结合在一起的,依靠的是法律的公认权威,而不是依靠执法官员的个人权威。社会舆论,遵循的是风俗习惯而不看重事件本身。何况在社会舆论看来,军事监禁并不像一般监禁那样会带来耻辱;军队作战取得的荣耀,可以洗刷耻辱。可是,在几个世纪以后,我们祖先——北方猎人——的野蛮习俗观念,仍然残留在有悖于现代文明的社会习俗观念与法律制度之中。

有些人认为：无论在哪里犯法在哪里犯罪，任何地方都应予以处罚。这似乎认为国民国籍是不变的，国民犹如奴隶，甚至不如奴隶；似乎认为一个人可以同时是两国国民，即可以同时毫无冲突地服从两个主权者和同时遵守两种往往互相矛盾的法律制度。也有些人认为：在君士坦丁堡犯罪，可以在巴黎予以处罚。其理论依据是：谁侵犯了人类，谁就应受到全人类的敌视，谁就应受到全人类的处罚。这似乎认为，判处刑罚的法官，维护的是人们的感觉而不是把人们结合在一起的契约。其实，唯有犯罪之地，才是刑罚执行之地，因为唯有为了维护当地社会安全，人们才会找该行为人算账。倘若某个人违反的并非其作为成员的社会契约，就只能由该社会的最高力量予以驱逐，而不能由该社会依据其社会契约处罚该人。

犯轻罪，往往关在黑暗监狱服刑，或者发配遥远之地从事苦役。发配遥远之地从事苦役，几乎无益，因为那个地方并非犯罪之地，所以无法警示当地民众。人们不敢轻易犯重罪，因此，公开惩罚重罪，人们会认为与己无关。人们容易犯轻罪，因此，公开惩罚轻罪，可以同时起到阻吓人们犯轻罪或者重罪的作用。所以说，刑罚严厉程度上应与犯罪相适应，刑罚执行方式也应与犯罪相适应。

犯轻罪，取得被害人宽恕后就免除刑罚，虽然符合慈悲与人道要求,但是,不利于维护公共福祉。受害公民可以放弃赔偿损失的要求,但是,无权放弃刑罚必有的警戒作用。刑罚权,不是某个人的权利,而是所有人或者主权者的权利。个人仅可以放弃属于自己的那部分权利,但不能放弃属于他人的那部分权利。

第三十章

追诉时效期限论

犯罪证据已收集而且犯罪已确定无疑时,就必须给予被告人一定时间和方式为自身辩护。不过,这个时间不能太长,以免影响刑罚及时性,因为如前所述,刑罚及时性是预防犯罪的一种有效手段。误解人道主义者,也许会反对限制辩护时间,但是,倘若想到,不限制辩护时间,可能会增加无辜者的风险,也许就不会反对。

无论查证犯罪的时间还是辩护的时间,都应由法律而不是法官作出规定,否则,法官就是立法者。对令人印象深刻的严重罪行,只要犯罪确定无疑,就不应为逃犯规定任何追诉时效期限。对于那些轻微而不易留下记忆的犯罪,就应规定追诉时效期限,以免行为人长期为自身命运忧虑不已。在这种情形下,犯罪长期没有发现,人们记忆已淡忘,就消除了可以逍遥法外的印象。再者,犯罪人可能早已改过自新,就没有必要予以惩罚。

关于追诉时效期限,本文只提出一般原则。确切的追诉时效期限,应由各国立法者根据各自国情作出规定。不过,再补充一点:某一国家,倘若愿意采取轻缓的刑罚制度,就完全可以根据罪行严重程度,规定不同追诉时效期限,并将审前羁押或者自行放逐视为一种刑罚。如此这般,就可以对大多数犯罪实现刑罚的轻缓化。

必须注意,追诉时效期限,不应完全依犯罪的严重程度而延长。因为犯罪的可能性与犯罪的凶残性是成反比的,所以,某些案件,查证犯罪的时间应缩短而追诉时效期限应延长,反之亦然。这似乎同前面所述相矛盾:既然羁押是一种刑罚,就可能造成不同之罪受到相同之罚。

为阐明我的观点,兹将犯罪分为如下两类:第一类是杀人罪等一切严重犯罪;第二类是轻微犯罪。这是根据人类本性作出的分类。生命安全属自然权利,财产安全属社会权利。前者植根于人类内心,后者植根于社会契约。引诱人们不顾同情心而侵犯自然权利的动机,远远小于引诱人们贪图幸福而侵犯社会权利的动机。因为犯这两种罪的可能性颇为悬殊,所以,应适用不同原则。严重而较少发生的犯罪,被告人无罪的可能性较大,查证犯罪的时间就应缩短,辩护时间以及追诉时效期限就应延长。尽快作出确定判决,就可以消除逍遥法外的幻想。罪行越严重,逍遥法外的危害就越大。较轻的犯罪,被告人无罪的可能性较小,逍遥法外的危害较小,查证犯罪的时间就应延长,辩护时间以及追诉时效期限就应缩短。倘若逍遥法外的危害与犯罪的可能性相应增加,上述犯罪分类就不可取。

应注意,无法确定是否有罪的被告人,因证据不足而释放后,在追诉时效期限内,发现新的证据,可以涉嫌该罪而重新羁押和审判。窃以为,这样既有利于保障该公民的自由与安全,又不会损害其他公民的自由与安全。这两者,都是天赋的、不可转让的权利,都应受到同等保护,但是,前者很难避免遭到或明或暗的专横权力的侵犯,后者很难避免遭到狂暴的大众无政府主义的侵犯。因此,两者兼顾,实属不易。

第三十一章

难以证明之罪论

有些人会感到惊讶:为何那些极其凶残的或者极其神秘的或者极其荒诞的犯罪,即极其不可能发生的犯罪,竟然可以用最不可靠的、最模棱两可的甚至是完全臆造的证据予以证实?难道法律和法官唯一关心的只是证实犯罪,而不是查明真相?难道无罪可能性超过有罪可能性时,冤枉无辜者的风险不是更大吗?对此感到惊讶之人,没有意识到,如此之国的立法者几乎从来不是理性之人。

大多数人,犹如缺乏建立伟大功勋所必需的气魄一样,都缺乏实施严重犯罪所必需的胆量。严重犯罪与伟大功勋并存之国,更常见于那些统治力量强大和私欲强烈之国,而不是依靠稳定法律或者民众伟大力量统治之国。在后者之国,被削弱的私欲似乎更适合于维护而不是改善政治体制。由此可以得出一个重要结论,存在严重犯罪并非总是国家衰落的征兆。

有一些犯罪,虽然在社会上经常发生,但却难以证明。既然难以证明,就意味着被告人很可能无辜。这些犯罪常发,更多的原因,不在于有人犯罪后不受处罚,而在于其他因素。因为不受处罚造成的危害不大,所以,查证犯罪的时间和追诉时效期限就应相应缩短。

人们普遍认为,像通奸、鸡奸等这类难以证明的行为,不要求必须具备充足证据才可以定罪,而可以专横地推定有罪,就似乎一个人可以有罪也可以无罪一样,换言之,就似乎可以处罚也可以释放一样。正是在这些案件中,根据自以为可以为法官提供规则的冷酷学者的教导,被告人、证人甚至上述不幸者的全部家庭成员遭受严刑拷打。这是残暴统治的突出体现。

严格来说,通奸是由如下两种原因造成的犯罪:一是反复无常的法律;二是两性之间极其强烈的吸引力。两性吸引力,在诸多方面类似于宇宙万有引力,随着距离的增加而减弱。万有引力针对的是物体运动,两性吸引力针对的是心灵运动。两者区别在于:万有引力遇到阻碍就会相应减弱,两性吸引力遇到阻碍就会变得更加强烈。

倘若说话的对象是尚未被宗教光芒照耀的民族，我就会告诉他们，通奸与其他犯罪还存在如下显著区别：通奸，是人们过分追逐整个人类普遍的、永恒的、先于社会形成而存在的，甚至是构成社会本身基石的那种天然需求而导致的犯罪。破坏社会的其他犯罪，是一时欲望导致的，而不是天然需求导致的。在深谙历史与人性之人看来，上述天然需求，在相同气候条件下总是保持着稳定的总量。倘若如此，企图竭力减少这种需求总量的法律与习俗，就是徒劳无益的，甚至是有害的。因为减少一部分人的这种需求，就要增加另一部分人的这种额外需求从而成为其负担，所以，善法就会因势利导，将这股巨大的欲望之洪分流至诸多不同小溪。这样既可以“防洪”，又可以“抗旱”。

婚姻忠诚度，总是与婚姻次数与自由成正比。在传统偏见维系婚姻之地，在父母有权干涉子女婚姻之地，脉脉秋波会不顾道德约束，悄悄破坏这种脆弱婚姻。对此，道德家虽然震怒，但也无能为力，而唯有接受。然而，真正信奉宗教的人们是不会接受这种思想的。他们拥有崇高目标，有可以克制自然本性的力量。

通奸行为，迅速而神秘，披着法律为其戴上的面罩。这种面罩，确是必需的，又是透明的；是抬高而不是降低所覆盖对象的价值。通奸行为,如此便利易行,如此难以发现,因此,对立法者而言,与其着眼于惩处,不如着眼于预防。

对于本质上往往可以逃避处罚的任何犯罪而言,刑罚本身就是刺激。此乃普遍规律。人类想象力的特点是:目标之困难,若非无法逾越,若非大过人之天然惰性,就会很刺激,就会放大想象空间,就会更让人想入非非。阻止想入非非的障碍越多,人们就越沉浸其中。总之,人之内心自然向往的,是令人愉快的场景,而不是令人沮丧的结局。

鸡奸,受到法律的严厉惩处,因而被控之人也就受到严刑拷打,即使无辜者也不能幸免。引起这种犯罪的,不是自由独立之人的欲望,而是在社会中处于奴役状态之人的欲望。这种犯罪,与其说是饱暖思淫欲的结果,不如说是无所事事的结果。在那些青年聚居的场所[1],企图让人们成为对社会有用之人的教育,首先导致的却是让人们成为对自身无用之人;本想小心翼翼地不让热情奔放的年轻人与任何异性交往,但是,蓬勃发展的自然活力,由于找不到出路,就以无益于人类的方式放肆地消耗,从而导致他们未老先衰。

与上述犯罪类似的,还有溺婴行为。例如,妇女杀死私生

[1] 此处的场所,疑似暗指修道院等与正常社会隔绝之地。——译注

婴儿,是屈服于懦弱或暴力的两难选择结果:要么蒙受耻辱,要么杀死还无法感知生命灾难之人。面对如此选择,她怎能不选择可以避免让自身和不幸婴儿遭受痛苦的那条路?防止这种犯罪的最好办法,就是真正用法律保护弱者免受暴政压迫。要知道,暴政总爱对那些根本不可能用美德外衣掩饰的过错吹毛求疵。

我并非想减缓人们对上述罪行应有的厌恶程度,而只是想指明上述罪行的根源。窃以为,从以上所述,可以得出如下普遍结论:法律倘若不根据各自国情采取最有效预防犯罪的手段,就不可能对犯罪规定正当即必要的刑罚。

第三十二章

自杀论

窃以为,自杀是不能动用刑罚的犯罪,因为刑罚不能针对无辜者或者冰冷而无感觉的尸体。前者是不公正而残暴的,因为政治自由必然要求刑罚只能针对犯罪者;后者给活人的印象,则无异于鞭笞雕像一样。

人类十分热爱生活,周围的一切吸引着他们。享乐迷惑着他们,希望是甜蜜的圈套,可以让人们贪婪吞下抹了几滴甜汁的苦果。因此,对自杀不予处罚给人们带来的影响,根本不用担心。谁怕痛苦,谁就会服从法律,可是,死亡会消除一切感觉。因此,究竟有什么可以阻止自杀者的绝望之手?

自杀者给社会造成的损失,比永远脱离本国之人造成的损失要小,因为前者把全部财产留给了社会,后者则带走了至少部分财产。此外,社会实力取决于人口数量,因此,脱离本国而委身他国的行为,与纯粹以死摆脱社会的行为相比,给社会带来的损失是双倍的。由此产生如下问题:不允许本国人移民,是否对国家有利?

无法实施之法,或者社会环境注定无法实施之法,根本就不应颁布。对主宰人心的舆论,立法者无法直接强行施加影响,只能间接缓慢施加影响。人们鄙视的无法实施之法,只会贬低能够实施之法。如此这般,能够实施之法,也会被人们视为不是公共利益的保护神而是应铲除的障碍。如前所述,人的感情是有限度的:人们越是尊重法外之物,就会越不尊重法本身。

综上所述,公共幸福的分配者可以得出一些有益结论。若详述,就会离题万里,只说一点吧:把国家变成监狱,绝无益处。如此法律,是徒劳的。除非有无法靠近的礁石或者无法通航的海域将国家与世隔绝,否则,怎能封锁全部边境,怎能万无一失?

对已带走全部财产的脱离本国之人,就绝对无法惩罚。倘若事前惩罚,就意味着惩罚人之意志而不是人之行为。可是,人之意志,是完全自由的,是绝对不受法律约束的。通过没收出国之人留下的财产,进行惩罚,就意味着无法预防阴谋诡计,就意味着无法遏止专制主义,就意味着停止国与国之间的一切贸易。惩罚返回本国之人,就是阻止其弥补已给社会造成的损失,就是永远禁止其返回。此外,禁止出境,只会强化国民的出境愿望,并警告外国人不要入境。

有些政府,除恐吓外,根本没有办法留住从童年起就热爱祖国之人。这该如何看待?让国民留在祖国的最好办法,就是让国民感到幸福。就如应创造贸易顺差一样,政府应为每一位国民创造比周围国家国民更大的幸福。随着社会发展,不平等也在增加。尽管奢侈是纠正不平等的必要措施,因为没有奢侈,财富就会积累在少数人手中,但是,奢侈带来的欢乐,并非幸福的主要源泉。

在国土大幅扩大而人口不怎么增加之国,奢侈会助长专制主义,原因在于:人口越稀少,产业就越薄弱;产业越薄弱,穷人就越依赖于富人的奢侈,被压迫者联合起来反对压迫者就越困难,被压迫者的联合就越不足为惧。如此这般,贫富差距就会更大,权力、职位、声望和尊崇等资源就容易由少数人掌控。少数人越有权势就越难监督,越难监督就越有权势。

在人口大幅增长而国土不怎么扩大之国,奢侈会遏止专制主义,因为奢侈可以刺激产业活跃发展,产业活跃发展就可以为富人提供更多享乐和更舒适生活,富人就更加依赖穷人。如此这般,穷人就会鄙视摆阔的富人,富人社会地位就会下降。

由此可见,在没有其他因素影响的情形下,在国土辽阔而人口稀少之国,摆阔的奢侈盖过舒适的奢侈;在人口众多而国土不大之国,舒适的奢侈一般盖过摆阔的奢侈。

奢侈品的生产贸易有着固有弊端:尽管很多人参与生产贸易,但是,仅有少数人享受。因此,在比较之下,多数人会觉得自身地位不如他人,会强化多数人的贫困感。受到法律保障的安全和自由,才是幸福的基础。唯有如此,奢侈的享乐,才能有利于大多数人,否则,就会成为暴政工具。就如高贵慷慨的野兽和热爱自由的鸟儿将肥沃平原留给其最大的敌人即人类,而远遁于荒野僻林一样,人们会拒绝接受暴政给予的享乐。

由此可见,把国家变成监狱之法,是徒劳的,是不公正的。惩罚自杀之法,亦然。自杀,即使是犯罪,也是唯有其死后,上帝才有权予以惩罚的罪过。再说,自杀,毕竟不是针对他人的行为。此外,惩罚自杀,根本无法落在自杀者身上,而只能落在家属身上。有人反对说,惩罚自杀,可以预防自杀。窃以为,冷静抛弃生活幸福之人,如此厌恶生活之人,宁愿接受永久不幸之人,绝不会留恋父母妻儿,根本不会被这些其认为遥远而不着边际的东西所打动。

第三十三章

走私论

走私，是地地道道侵犯国家或者君主利益的犯罪，但是，不应处以耻辱刑，因为社会舆论并不认为这种犯罪可耻。对并非可耻之罪处以耻辱刑，会削弱可耻之罪产生的耻辱感。例如，杀死野鸡和杀死人或者伪造重要文件，都处以死刑，这三种犯罪就不再有任何区别，人们的道德情感就会遭到破坏。这种道德情感，必须借助崇高动机和庄严仪式，历经数个世纪，付出诸多鲜血代价后，才能艰难而缓慢地在人类内心深处养成。

走私罪,纯粹是法定犯[1]。关税提高,走私利润就增长,走私诱惑就增大;防守边境扩大,违禁商品体积缩小,走私就更为容易,走私诱惑就增大。走私的最恰当处罚,就是没收违禁品和随行物品。关税越低,这种处罚就越有效,因为侥幸获取的利益与所冒风险很不成比例,就没人铤而走险。

走私,归根结底是盗取君主即国家财物之罪,为何不应处以耻辱刑?这是因为:犯罪并不造成自身损害时,人们就认为与己无关,就不会有公愤。走私就是如此。人们普遍对其造成的遥远后果无感,看不到其危害,感觉不到损失,何况在当下往往还能从中获益。人们仅能感受到的,是君主遭受损失。所以,人们并不像对待盗窃犯、伪造重要文件犯或者其他直接损害他们利益的罪犯一样,不再尊重走私犯。总之,每一个有感知的人,只注意其所认识的危害,此乃显而易见的规律。

犯此罪者没有财产,是否可以不处罚?不能。有些走私行为严重触犯作为统治根基的重要税收制度,应处以重刑甚

[1] 法定犯,与自然犯相对称,又称行政犯,指行为本身不具有自然属性的犯罪,是国家根据客观形势的发展通过立法规定的犯罪。也有人把它称作"法律禁止的犯罪",也就是说,该行为如果法律没有规定,即使对社会有害,也只能由道德舆论调整,而不能以犯罪论处。西方国家将犯罪分为自然犯和法定犯最早始于教会法:凡属自然犯的神职人员应当免去圣职,凡属法定犯的神职人员可以保留圣职。1469 年,英国普通法院作出第一个判例:英王只能对法定犯行使豁免权,而不能对自然犯行使豁免权。——译注

至监禁、苦役等。当然,应罚当其罪。例如:对走私烟草犯的监禁,就应与抢劫犯或者杀人犯的监禁有所不同,否则,就是不恰当的;走私犯服的苦役,应为补偿其欺骗国库限度范围内的苦役,才最符合刑罚本质。

第三十四章

债务人论

为信守契约、保障贸易，立法者不得不规定，破产债务人应向债权人提供人身担保。不过，窃以为，有必要区分欺诈破产和诚信破产。欺诈破产，系伪造债务，与伪造货币同质，因此，应与伪造货币同罚。诚信破产，系经法庭严格审查查明，由于他人不仁、他人不幸或者人力无法控制等因素造成破产的情形。为什么要找个什么野蛮理由，将这种诚信破产人投入监狱，剥夺其剩余的、唯一的可怜财产即赤贫者的自由？为什么要把并非有意为之而安分守己遵守法律的诚信破产人视为罪犯，让其绝望地忏悔自己的诚信？如此法律，是贪得无厌的强者制定的。弱者接受这种法律，是因为怀有往往闪现于人类心中的希望，认为灾难属于他人、幸运属于自己。为了每一个人的切身利益,法律应当温和,但是,贪得无厌之人却钟情于残酷之法,这是因为害怕他人侵犯的心理强于自己侵犯他人的愿望。

再回头讨论诚信破产者吧。倘若诚信破产者未将债务清偿完毕,其清偿义务就无法推卸;倘若未经债权人同意,诚信破产者就不能摆脱债权人的控制,因此,就应对诚信破产者处以刑罚,让其从事苦役以清偿债务。以保障交易安全为借口也罢,以维护神圣财产所有权为借口也罢,无论以什么借口,这种剥夺诚信破产者自由的做法,是否正当有益?除非迫使诚信破产者服苦役,可以暴露其作假的秘密,否则,就是不正当的,就是无益的。但是,经过法庭严格审查认定的诚信破产者,罕见存在如此情形。

窃以为,债务人破产是否入罪处刑,应采取如下立法原则:所造成的不良政治后果,是否与带给社会的危害成正比而与证明这种危害的困难程度成反比。

因此,有必要区别对待欺诈、严重过失、轻微过失和完全无过失这几种情形。第一种情形,应与伪造罪同罚;第二种情形,应适用较轻刑罚,但应剥夺其自由;第三种情形,应让债务人拥有自由选择恢复元气的权利;第四种情形,应把这种选择权赋予债权人。无论哪一种情形,都应由铁面无私的法律作出规定，而不能由危险武断的法官作出规定。在政治上，为计算公共福祉，就有必要确定计算标准，就如在数学上，为计算数量，就必须确定计算标准一样。[1]

可见，具有远见的贤明立法者，本来可以轻而易举地让绝大部分破产者不入罪，让勤劳的诚信破产者摆脱不幸！例如，可以按照一定体例，公开明确记载一切契约，让所有公民均可以自由查阅；可以动员贸易商人捐出部分盈利设立公共基金，及时救助勤勉而诚信的不幸者。诸如此类的东西，有百利而无一害。只要立法者点点头，这些简单、易行、伟大的法律，就可以给国家带来繁荣昌盛，就可以让立法者受到世世代代的感激与赞美。可是，不幸的是，它们要么被人无视，要么被人拒绝。究其原因，是碌碌无为，是畏首畏尾，是故步自封，完全统治了那些为人类立法之人。

---

〔1〕 贸易或者财产所有权，并非订立社会契约的目的，而是实现目的之手段。设计诸多情形让社会成员遭受侵害，就是让目的服从手段。这在一切学科中都是谬误，在政治上尤其如此。在前几版，我就陷入了这种谬误，我这样写道：为担保债务的清偿，诚信破产者应予以羁押或者充当债务人的奴隶。我为自己写下如此文字而感到羞愧。曾有人指责我不虔诚和犯上作乱，但我并非如此。然而，我真正侵犯人权时，却没有任何人指责我。——贝卡里亚原注

第三十五章

庇护论

下面谈谈两个问题:庇护,是否正义?国与国之间的互相引渡罪犯条约,是否有益?

在一国疆域之内,不应有法外之地,法之力应如影随形及于每一位国民。庇护与不处罚,没有本质不同。刑罚效果,更多体现在刑罚必然性而不是刑罚严厉性上。庇护引诱人们犯罪的程度,大于刑罚阻吓人们犯罪的程度。庇护场所泛滥,就是小小独立王国的泛滥。法律无力之地,就会形成对抗公共福祉的势力,就会形成对抗整个社会的精神。历史表明,庇护会引起国家与舆论的动荡不安。

国与国之间互相引渡罪犯,是否有益?虽然有犯罪就必受刑罚处罚,是预防犯罪的最有效手段,但是,在法律更符合人类要求、更符合人权之前，在实现刑罚轻缓、废除专断权力而可以保障受压迫的无罪者安全和倡导遭受鄙视的美德之前，在把君主利益与国民利益有机统一起来的理性将暴政完全驱赶至亚洲平原之前，我不敢贸然回答这个问题。

第三十六章

悬赏论

探讨另一个问题:悬赏罪犯头颅,让国民都成为刽子手,对社会是否有益?

罪犯有时潜逃国外,有时潜藏国内。在第一种情形下,主权者悬赏,就是唆使国民犯罪,让其走向刑场。如此这般,就是侵犯、篡夺他国主权,就是允许他国以这种方式对待本国。在第二种情形下,主权者悬赏,就是显示政府软弱无力,因为有力量保卫自身者是不会寻求这种交易的。

此外,如此悬赏法令,是颠覆略有风吹草动就会从人之心灵中消失的道德观念。法律时而倡导背叛,时而惩罚背叛;立法者一手巩固家庭和亲友关系的纽带,一手又破坏这种纽带。立法者往往陷入自我矛盾之中,这边把猜疑之心引向互相信任,那边又在挑拨离间;本为预防一种犯罪,却催生百种犯罪。如此软弱之法,只不过是对摇摇欲坠大厦的临时修修补补而已。

奔向光明之国,国民之间的忠诚信任很有必要,国策就应日益充满这种精神。因此,应禁止采用阴谋诡计,应捍卫公共利益而抑制个人私欲。在蒙昧时代,公共道德屈从于个人私欲。文明时代,应引以为戒。奖赏背叛、激起猜疑、引发暗斗之法,是同道德与政治的必然结合背道而驰的。唯有依靠道德和政治的这种结合,人民才能幸福,国家才能安稳,世界才能太平。

第三十七章

未遂犯、共犯及其处罚论

虽然法律并不惩罚意图，但是，表明犯罪意图的未遂行为应予惩罚，尽管其刑罚可以轻于既遂行为。为预防犯罪，有必要动用刑罚处罚未遂犯，但是，既遂与未遂之间存在时间间隔，因此，在刑罚上，既遂重于未遂，可以让已着手实施犯罪者幡然醒悟。

与此类似，共犯，可能并非都是直接实施犯罪的主犯，刑罚应有所不同，理据亦有所不同：若干人结伙冒险，所冒危险越大，共担危险愿望就越强烈。因此，难以找到愿意承担更大风险而直接实施犯罪的主犯。唯一例外的是，直接实施犯罪之主犯的报酬高于从犯，作为对其所冒更大危险的补偿。因此，主犯刑罚应重于从犯。认为这样处理过于形而上学之人，没有意识到这么一条重要原则:法律应尽可能分化共同犯罪人。

有些法庭对犯有严重罪行的从犯,只要其揭发同伙,就不予处罚。这种做法有利有弊。

弊者,竟然认可罪犯甚至都憎恶的背叛行为。同勇敢的犯罪相比,懦弱的犯罪对国家更为有害。勇敢,并不常见,在仁慈之手的引导下可以成为为公共福祉服务的美德。懦弱,则很普遍,是自私自利的,具有传染性,永远不可能改造为美德。此外,法庭求助于违法犯罪之人,展示的是自身的动摇和法律的软弱。

利者,可以消除人们的恐惧感。犯罪造成重大影响,案犯却下落不明,公众就会惊恐不安。借助揭发,有助于缉拿同案犯并消除这种恐惧感。这也有助于表明:背叛法律即社会契约者,也会背叛私人契约。窃以为,由普遍性法律规定揭发同伙的罪犯都可以免除刑罚,比针对特别情形作出这种规定,更为可取。如此这般,可以让罪犯互相猜疑,都担心自己会遭到同伙揭发,从而可以防止他们抱团取暖。有了这种法律规定,在个案中,法庭就不必求助于罪犯,从而助长其嚣张气焰。不过,法律在规定免除揭发者刑罚时,应规定将其放逐……但是,当我赞同公共信任的基石和人类道德基础的神圣之法采取虚伪狡诈手段时，我其实颇为内疚，欲竭力消除良心所承受的呵责，却徒劳无功。倘若不履行法律承诺的免予处罚，而根据所谓学者的强词夺理，不顾公共信任，将响应号召揭发同伙者处以刑罚，又会给国民树立何种榜样？

如此事例，并非罕见。正因如此，人们将政治社会视为一台复杂的机器，而任意掌控这台机器的，是最精明、最有权势之人。他们对于陶冶崇高的人道主义情操毫无兴趣，只把人之心灵当作乐器予以弹奏，喜好什么就弹奏什么，觉得什么悦耳就弹奏什么，根本不在乎听众感受。

第三十八章

指诱供与口供论

我们的法律禁止指供、诱供。所谓指供、诱供,是指本应泛问一般犯罪情形,却指问具体犯罪情形,换言之,就是直接针对犯罪具体情节,要求被告人直接回答。

刑法学家认为,讯问应该围绕犯罪事实,间接迂回提问,而不应直接指供、诱供。这种观点的理由,也许是为了不让被告人直接作出有罪的回答,也许是认为让被告人指控自己是违背天性的。无论如何,允许刑讯却禁止指供、诱供之法,显然是自相矛盾的。有哪一种讯问,比带来痛苦的讯问更具有诱导性？刑讯,是提醒坚强的罪犯,顽强沉默的结果就是较重刑罚替换为较轻刑罚;是提醒懦弱的罪犯,认罪的结果就是可以解除当前痛苦,但是,认罪换来的却是未来的痛苦。让人指供自己,是违背天性,那么,更有效让人指供自己的刑讯,更是违背天性。可是,人们在乎名称是否不同,而忽视本质是否不同。

有些人滥用辞藻,提出一些对人类社会毫无益处的主张。例如,认为已决犯口供不具有法律效力而毫无价值的鼓噪,就是典型例子。传统法学家认为,已决犯视为法律上的死亡人,而死亡人无法实施任何行为。如此愚蠢的主张,已导致许多人成为牺牲品。因此,人们一直追问:真相重要,还是司法程式重要。窃以为,只要已决犯口供不会阻碍司法程序,为什么不能让已决犯提供口供?即使已作出有罪判决,为了真相,为了极其不幸者能够沉冤昭雪,为什么就不能提供新证据,重新认定案件事实,作出无罪新判决?司法审判是严肃的,必须遵循一定程式。这是为了防止法官专权擅断;这是为了向人民昭示,审判是公正有序的,是不偏不倚的,是有章可循的;这是为了让人民不会奴隶般地盲从舆论,人云亦云,而会作出独立判断。真相,有时特别简单易认,有时特别复杂难辨,需要一定的外在形式让不了解之人了解它。无论如何,司法审判程式,必须有助于揭示真相,而不能成为制造灾难的推手。

最后,接受讯问时顽固拒绝回答之人,应受到法律规定的刑罚处罚,而且是重罚,目的是不应让犯罪人以沉默方式,给公众起到不好的示范作用。但是,倘若犯罪行为毫无争议,就没有必要处以刑罚,因为对于如此案件,讯问意义不大,换言之,证据充足的案件,被告人认罪意义不大。后一种情形最常见,因为经验表明,绝大多数案件,被告人是什么也不承认的。

第三十九章

特殊犯罪论

读到这里，人们可能会发现，我没有谈及一种特殊犯罪[1]。由于这种犯罪，欧洲大地洒满了人类鲜血，活生生的人体化为恐怖的熊熊火堆，缕缕人体黑烟不断冒出，烧焦骨头的噼啪声此起彼伏，颤动内脏的嘶嘶声连绵不绝，不幸者的嘶哑哭喊声持续不断。在熊熊火光的照耀下，大批信徒欣喜若狂。可是，但凡理性之人都会认为，无论是时间、地点还是其内容，都不允许我研究这种犯罪的本质。

为什么有的国家，会与诸多国家的做法不同，非得把人们的思想塑造为一个模子？为什么在纷繁多样、人们难以分辨

〔1〕 作者并未明言“特殊犯罪”何指。从本章上下文判断，“特殊犯罪”疑指宗教上的所谓异端邪说之类。——译注

其差异的各种思想中，非得确立其中一种占主导地位，非得证明某一种会侵犯公共安宁？为什么在各种思想明明是通过碰撞而去芜存菁、优胜劣汰的情形下，非得动用权力维护根基不稳思想的永恒地位？阐述这些问题，会太冗长，会太离题。

思想，只受理性指引。动用强力对付思想，只会导致虚伪和卑鄙。如此做法，违背仁慈博爱的人类精神。对强迫命令思想的统治，人们深恶痛绝，但是，为什么还非要如此？影响他人思想的行为，倘若凭借的是公认权威，或许是无可置疑的，或许是符合人类真正利益的。

无论如何，本书所探讨的，只是违背自然法和社会契约的犯罪，而不是宗教罪孽。对宗教罪孽的惩罚，即使是现世惩罚，其依据，都不应是有限的人类哲学原则，而应是其他什么原则。

第四十章

错误功利观论

立法者所主张的错误功利观,是滋生弊端和不公的土壤。这种错误功利观,不是关注普遍问题,而是关注个别问题;不是激发唤醒人之情感,而是强迫命令人之情感。这种观念,竟然对理性发号施令,为了防止出现臆想的或者微不足道的问题,竟然牺牲无数的真正利益;为了防止烧死人和溺死人,竟然从人们手中夺去火和水。总之,如此观念,只知道通过毁灭的方式防范恶果的产生。

禁止携带武器之法,就是如此。胆敢触犯人类最神圣之法和最重要之法的人,怎会在乎次要而完全随意制定之法?如此之法,只是解除没有犯罪倾向与决心之人的武装;是很容易触犯的,触犯了也平安无事;是剥夺贤明立法者极为珍视的最宝贵的个人自由,是让无罪者受有罪者应受之苦;是不利于被攻击者而有利于攻击者,是鼓励而不是防止谋杀,因为攻击无武装者比攻击有武装者更为容易;是恐惧犯罪,而不是预防犯罪;是受个别事件影响后制定的,而不是理性权衡利弊后制定的。

如此错误的功利观,企图把无感物所遵循的死板秩序塞给一群有感物,忽视持久有力的最直接影响民众的现实因素,而看重遥远的因素。除非有意想不到的力量大大加强其威力,否则,这种遥远因素对人类的影响极其短暂和微弱。此外,如此错误的功利观,为了名号而忽视内容,割裂公共利益与个人利益的内在联系。

自然状态与社会状态有一点不同:自然状态之人,只要满足了其利益,就不会再危害别人;社会状态之人,有时受恶法诱惑,做损人不利己之事。例如,专制者在奴隶心中种下的恐惧和绝望,会反射到专制者身上并更为强烈地折磨专制者。造成恐惧的范围越小,感到恐惧的人数就越少,把别人恐惧视为自身幸福的恐惧制造者面临的危险就越小。造成恐惧的范围越大,感到恐惧的人数就越多,恐惧制造者面临的危险就越大,因为越容易出现鲁莽者、绝望者或者善于利用他人为自身目的服务的果敢者,因为愿意共担危险的人数就越多,因为不幸者随着苦难加深就越不在乎自身性命而愿意冒险一搏。因此,侵害行为会引发新的侵害行为,恨是比爱更为持久的感情,因为恨是从持续行为中汲取力量,而爱是在持续行为中丧失力量。

第四十一章

预防犯罪论

惩罚犯罪莫如预防犯罪,此乃一切善法的基本原则。倘若可以计量生活的幸与不幸,善法就会运用其立法技术,让人们享有最大限度的幸福,或者最大限度减少人们可能遭遇的不幸。但是,迄今为止所采用的手段,要么不正确,要么悖于上述目的。

欲让躁动不安的人们循规蹈矩,让其行为像几何图形一样讲规则,是不可能的。正如恒定至简的自然规律无法阻止行星的越轨运动一样,在欢乐与痛苦这两种无限而根本对立之力的作用下,人类之法根本无法完全防止冲突和失序。但是,也有个别发号施令者臆想可以完全做到。

禁止大量无关紧要的行为,无法防止可能由此产生的犯罪,而是在制造新的犯罪,是在随意解释永恒不变的善恶。对一切可能导致犯罪的行为都加以禁止,我们将陷入何种地步?那必定是禁止人们使用感觉器官。有一种动力促使人们实施一次真正的犯罪行为,就有千万种动机促使人们实施恶法列为犯罪的无关紧要的行为。倘若犯罪可能性与犯罪动机数量成正比,那么,扩大犯罪范围就是提高犯罪可能性。如此之法,绝大多数仅是规定特权,换言之,是规定大多数人给少数人奉献供品。

要预防犯罪,就应制定明确而通俗的法律,就应把国家的全部力量用在维护法律上而不能允许有任何力量破坏法律,就应让法律保护每一个人的利益而不是特定阶层的利益,就应让人们敬畏法律且仅仅敬畏法律。敬畏法律是有益的,敬畏人是有害的而且会滋生犯罪。受奴役之人比自由之人更加纵欲、放荡和残忍。自由之人,热爱科学,关注国家利益,拥有远大目标并孜孜以求。受奴役之人,满足于现状,企图在消遣放荡喧闹的生活中忘却自身屈辱的地位。他们习惯了捉摸不定的命运,他们的犯罪结局也难以预测,这进一步助长了他们的欲望。因气候原因而国民懒惰愚呆之国,捉摸不定的法律会进一步助长这种懒惰愚呆。因气候原因而国民贪图享乐并活跃之国,捉摸不定的法律会助长国民的尔虞我诈并使国家活力消耗殆尽:尔虞我诈导致国民彼此不信任,虚伪与背叛成为谨慎国民的行动基础。因气候原因而国民坚强勇敢之国,历经从自由到奴役、从奴役到自由的反复波折后,捉摸不定的法律终究会被废除。

第四十二章

科学论

要预防犯罪吗？就让文明与自由携手共进吧。知识传播得越广泛，产生的祸害就会越少，创造的福祉就会越多。胆大妄为的骗子，往往是非凡之人，愚昧无知者对其顶礼膜拜，知书达理者对其嗤之以鼻。知识有助于鉴别事物，有助于各抒己见，有助于对比各种情感，从而有助于互相借鉴和取长补短。在文明光辉的普照下，愚昧无知的乌云被驱散，丧失理性的权力在颤抖，法律的蓬勃力量不可动摇。没有文明人不会把自己牺牲的那部分小小自由与其他一切人牺牲的那大部分自由进行比较，不会不明白没有法律保护自己就可能受到其他人侵犯，不会不热爱保障公共安全的公开、明确而有益的社会契约。任何敏感的心灵，只要看看优秀法典而明白自身丧失的只是侵犯他人的有害自由时,就会情不自禁地赞美王座及其拥有者。

科学总是有害于人类,并不真实[1]。过去曾存在如此情形,那是人类不可避免的灾难。人类在地球上的繁衍催生了战争、粗陋的技艺和原始的法律。如此法律,系临时契约,应运而生,应运而灭。此乃人类的最初哲学,唯有少量成分是公正的,但是,由于早期人类的懒惰与蒙昧,并未造成产生什么祸害。随着人口增长,人类需求也在增长。为防止人类重返日益危险的野蛮状态,就必须有可以给人类更为强烈更为持久印象的东西。

最初的谬误观念,为人类居住的地球带来了虚构之神,创造了主宰有形人类世界的无形之神,对人类而言是伟大贡献——我所指的是政治上的伟大贡献。那些敢用超自然力量抓住人心并将温顺的愚昧无知者拉上祭坛之人,曾是人类的大恩人。他们向人们展示的是看不见摸不着的东西。人们以为接近这种东西时,这种东西却变得无踪无影。这种东西从不受鄙视,因为其从未被人们真正认识。这种东西把人们的各种欲望整合而聚焦在唯一的目标上。此乃各民族走出野蛮

[1] 作者疑似批评卢梭《论科学与艺术》一文的观点。卢梭认为,科学和艺术的发展,不但不能给人类带来幸福,反而带来灾难。——译注

状态后的最初情形,此乃各民族形成时期必需的甚至是唯一的纽带。

此处谈论的并非神选之民。在那个民族,最非凡的奇迹和最显赫的恩惠已取代人类政治的地位。谬误具有无穷分割下去的属性,由此而生的所谓科学,就把人们变成狂热而盲目的信徒。这些信徒,在闭塞的迷宫中,互相推挤冲撞,互相打斗残杀,乃至有些敏感的哲学心灵竟然怀念起远古的野蛮状态。在这个最初时代,知识,毋宁说是见解,确实是有害的。

从谬误到真理、从黑暗到光明的艰难而恐怖的过渡,属于第二个时代。为少数豪强效劳的谬误同为多数弱者说话的真理,爆发激烈冲突,由此而激起的欲望,给不幸的人类带来无穷灾难。审视历史,就会发现,每隔一段时期,主要历史都会重演,从无知愚昧到科学昌明、从暴政到自由的过渡,必定是一个痛苦的历程,往往是整整一代人为以后几代人的幸福作出牺牲。但是,一旦人类的心灵安静下来,一旦焚尽国家积弊的烈焰熄灭下来,真理前进的步伐,就会由缓而疾,就会登上君主的王座,就会得到各国议会的膜拜。此时此际,谁还会认为,启蒙民众的光明比黑暗有害,正确掌握各种事物的知识对人类有害?

一知半解确实比一无所知有害,因为一知半解者必定会在一无所知者的谬误上再犯谬误。倘若有贤明的哲学家被选任为法律的保管人和捍卫者,就是最大的天赐之福。这种哲学家,始终坚持真理,而不是恐惧真理;总是从最有利角度审视人类,爱国如爱家,爱同胞如爱兄弟,不会迎合舆论以证明自身品德高尚。他关注的民众越多,贵族与平民之间的鸿沟就越小。他们的兴趣和需要,一般人不了解。他们为了真理而热爱真理,光明磊落,无论是在私底下还是在公开场合均言行一致。能够选任几个这样的哲学家,乃国家民族之幸福。倘若不用善法增加这种哲学家的选任数量从而降低不良选任的概率,这种幸福就只是短暂的。

第四十三章

司法官员论

确保司法机构遵守法律而不是践踏法律，是预防犯罪的措施。司法机构人员越多，腐化风险就越小，原因在于：处在互相监督之中，很难徇私枉法；个体权力越小，诱惑就越小。倘若国家以冠冕堂皇名义发布严厉命令，或者采取其他什么措施，禁止受压迫者申诉，让国民习惯于敬畏司法官员而不是法律，司法机构就可能滥权枉法，就会危及公共安全和个人安全。

第四十四章

奖励论

奖励美德,也是预防犯罪的措施。我注意到,在这个问题上,目前各国法律均沉默不语。科学院奖励真理发现者,可以促进知识和优秀著作的繁荣昌盛;仁慈君主奖励拥有美德者,同样可以促进美德行为的广泛传播。在贤明分配者的手中,荣誉的奖金,永远取之不尽而且富有成效。

第四十五章

教育论

完善教育,是预防犯罪最可靠也是最艰难的措施。这个问题,牵涉甚广,超出我要探讨的范围。但是,我敢说:它与政府本质有着密切联系。它是一片尚未开垦的贫瘠处女地,唯有待至公共福祉占据主宰地位的未来遥远年代,才能由少数哲人予以开垦。有一位伟人[1],启蒙了迫害其的人类,早已详细阐述对人类真正有益的基本教育原则:教育要正本清源;不在于多而杂,而在于少而精;要把物质世界与精神世界的真品而不是赝品,展示给稚嫩的心灵;要通过感化的捷径,培养

〔1〕 指卢梭(1712—1778年),法国18世纪启蒙思想家、哲学家、教育家、文学家、浪漫主义文学流派开创者、启蒙运动代表人物之一。卢梭著有小说《爱弥儿》,借以阐述其教育思想。除《爱弥儿》外,卢梭的其他著作如《社会契约论》等对贝卡里亚《论犯罪与刑罚》也具有重要影响。——译注

学生的美德;要通过明确无误指明必然后果的说服方式,而不是通过捉摸不定的命令方式——这只能让人暂时表面服从——防止学生误入歧途。

第四十六章

赦免论

随着刑罚日益轻缓,赦免或者宽恕的必要性就减弱。视赦免为有害之国,是幸福的。在善法之国,应摒弃有人认为可以完全代替君主其他美德的赦免,因为其刑罚轻缓,审判程序迅速而正常。这个真理,对生活于法律荒谬而刑罚严厉之国者而言,似乎残忍,因为如此之国需要赦免。

应注意:赦免,完全是最高权威的君主的特权,是默示否定法律。仁慈,是立法者而不是执法者的美德,是应闪耀于法典而不是判决之中的美德。倘若让人们看到,犯罪可以宽恕,刑罚并非犯罪必然后果,就会煽惑起犯罪不受处罚的幻想,就会导致人们认为刑罚并非正义之伸张而是强权之霸凌。

君主实行赦免,就是为个人而牺牲公共安全,就是把私人的仁慈宽恕化为不予处罚的公共行为。法律应铁面无私，执法者应铁面无私，但是，立法者应温和、宽容和仁慈。立法者，是聪明的建筑师，一定会在人人自爱的基础上建造体现个人利益的公共利益大厦，绝对不会允许偏袒之法和混乱之举割裂公共福祉与个人福祉，绝对不会在怀疑和恐惧的基石上建造虚幻的公共福祉大厦；立法者，是深思熟虑的哲学家，一定会让其视为兄弟的每一个人，安宁享受宇宙第一动因赐予人们在地球上某个角落好好领略的那份小小幸福。

第四十七章

结　论

窃以为,刑罚严厉程度应适合各国国情。刚刚摆脱野蛮状态之国,刑罚应最为严厉,以给予僵硬心灵强烈的印象,犹如要制服凶猛的狮子,就必须给予其闪电般重重一击一样。但是,随着社会交往发展,人们心灵逐步柔化,身体感受力逐步增强,为保持客体与感受之间的稳定关系,刑罚就应逐步缓和。

总之,可以得出如下十分有益但不太符合传统习惯即不为一些国家平庸立法者所接受的普遍公理:

本质上,刑罚,为免沦为某个人或者多数人针对个别人的暴行,应当是法定的、公开的、及时的和必然的,应当是与罪行相称的,应当是在一定条件下尽可能轻缓的。

译后记

切萨雷·贝卡里亚,1738 年 3 月 15 日生于意大利米兰;1758 年 9 月 13 日,毕业于意大利帕维亚大学法律专业;大学毕业后,参加民主主义者、经济学家彼得罗·韦里组织的进步青年小团体“拳头社”;熟读孟德斯鸠、卢梭、休谟、伏尔泰、爱尔维修、狄德罗等启蒙思想家的著作。

1763 年 3 月至 1764 年 1 月,在“拳头社”伙伴尤其是韦里兄弟即彼得罗·韦里和亚里山德罗·韦里的建议和帮助下,贝卡里亚专心撰写《论犯罪与刑罚》。1764 年 4 月 12 日,该书由位于意大利西岸港口城市里窝那的奥贝尔特出版社出版,但是,既未标明作者,也未标明出版社。这本永垂后世的小册子第1版,就此诞生。短短几个星期,《论犯罪与刑罚》就被抢购一空,后不断再印、再版或者被盗版、盗印。当年,就有人在佛罗伦萨盗版、盗印《论犯罪与刑罚》。虽然是盗版,人们仍然称之为第2版。1765年3月,贝卡里亚对《论犯罪与刑罚》修订后再版,这是第3版。

1765年12月,又出现一个盗版,人们称之为第4版。1766年3月,贝卡里亚修订《论犯罪与刑罚》后,仍然交由里窝那的奥贝尔特出版社出版但却伪称在洛桑出版,稍后又在哈莱姆出版,此即第5版。这个第5版,除“致读者”和“导论”外,全文共47章。这是贝卡里亚生前校订的最后一版,因此,被戏称为贝卡里亚“钦定版”。

1765年12月,该书第一个法译本出版。该法译本译者安德烈·莫雷莱对贝卡里亚原著作了调整,不仅对具体行文和章节顺序作了大幅调整,而且将章节改为42章。这个法译本,实质上是译者按照自身理解改写的编译本。这是《论犯罪与刑罚》42章版的由来。

贝卡里亚是否认可42章版,学界存在两种不同意见。一种意见认为,贝卡里亚本人认可42章版,主要理由是:贝卡里亚于1766年1月26日致信莫雷莱,除感谢这位法国启蒙运动哲学家和思想家、狄德罗主编的《百科全书》撰稿人之一莫雷莱屈尊翻译、润色《论犯罪与刑罚》外,还认可莫雷莱对原著章节的调整:“您对作品所做的编排更为自然,比我编排的顺序更为可取。”另一种意见认为,贝卡里亚不认可42章版。我赞同这种意见,理由如下:判断贝卡里亚是否真实认可42章版的关键,不是看他说什么,而是看他做什么。1766年1月底前收到莫雷莱法译本的贝卡里亚,如果真正认可42章版,完全可以而且拥有足够时间按照42章版进行修订,但是,之后出版的第5版《论犯罪与刑罚》仍然坚持47章版体例。窃以为,贝卡里亚关于法译本编排顺序的称赞,完全系台面上的溢美之词,因为在称赞之后,紧接着他委婉写道:“遗憾的是,新的意大利文版已基本完成就绪,否则,我将完全或者近乎完全遵循您的方案。”更何况,此后至其1794年11月28日去世,如果贝卡里亚真心中意42章版,完全拥有非常充足的时间按照这一编排体例修订再版再印,但是,他并未对给他带来盛誉的《论犯罪与刑罚》再作任何修订。上述情形,足以说明一切。

无论如何,这个法译本影响巨大,在一年内再版7次。之后,有些译者根据这个42章版法译本,将《论犯罪与刑罚》转译为其他语种译本。再后来,竟然出口转内销,出现以这个法译本为蓝本的意大利文《论犯罪与刑罚》42章版。这种意大利文《论犯罪与刑罚》42 章版,显然并非贝卡里亚原著。不过,绝大多数意大利文《论犯罪与刑罚》均为 47 章版。

继法译本出版后,1766 年,第一个德译本出版。1767 年,有两个英译本分别在伦敦和都柏林出版。1768 年,荷兰文译本在阿姆斯特丹出版。1772 年,波兰文译本出版。1774 年,西班牙文译本出版。1802 年,希腊文译本出版。1803 年,有人将《论犯罪与刑罚》翻译成俄文献给俄国亚历山大一世,后者下令在彼得堡印行。至 18 世纪末,《论犯罪与刑罚》各种版本不下 60 种。

1936 年,郑竞毅、彭时编著的《法律大辞书补篇》将贝卡里亚译为“培卡利阿”,第一次向国人介绍说:“意大利之法理学家,兼经济学家,精通法理学及经济学,其识见拔卓一世,后为奥国之高官,鞅掌国务至二十年之久。其间关于谷仓、货币、度量衡制度之报告,十进位法之采用,均有所尽力。彼对于法理学,反对死刑论,详论刑法之改正……除关于反对死刑,著《犯罪与刑罚》一书外,又有《经济要论》一书行世。意大利人誉之为‘意大利刑法学之开山鼻祖’。”

最早的中译本《论犯罪与刑罚》,也许是我的母校西南政法学院 1980 年刊印本,是 47 章版,是转译自俄译本的著名刑法学家王作富教授译本,但具体翻译时间已不可考。1993

年,有两个中译本问世:一是李茂生先生翻译的繁体字版中译本《犯罪与刑罚》,由我国台湾地区协志工业丛书出版有限公司出版。二是黄风先生翻译的简体字版中译本《论犯罪与刑罚》42 章版,由中国大百科全书出版社出版。这个 42 章版中译本,到 21 世纪,又先后改由中国法制出版社于 2002 年出版和商务印书馆于 2017 年、2018 年、2019 年出版。后来,黄风先生又翻译《论犯罪与刑罚》47 章版,于 2004 年由中国方正出版社出版,后于 2008 年由北京大学出版社出版,最近于 2014 年由北京大学出版社出版增编本。

迄今为止,影响最大的中译本,是黄风先生的两个译本。黄风先生 42 章版中译本《论犯罪与刑罚》,因其版本并非贝卡里亚所认可,故不再进一步评论。黄风先生 47 章版中译本《论犯罪与刑罚》,贡献不小,但是,有些方面值得商榷。

比如:第十三章章节名,黄风先生译“证人”有误。根据原文,应译为“人证论”之类。考察上下文,该章不但论述证人证言,而且论述被害人陈述。又如:第三十七章章节名,黄风先生译“犯意、共犯、不予处罚”中的“犯意”,实为“未遂”之误译。从文本来看,应译为“未遂”;从刑法学历史来看,也是贝卡里亚在此处首次提出“未遂”概念并加以研究。也许,该章节名应译为“未遂犯、共犯及其处罚论”之类更好。再如:

第十四章章节名,黄风先生译“犯罪嫌疑和审判形式”,无论从哪个方面来看,似乎都应改译为“证据与审判制度论”之类。

借此机会,说明一下,拙译以爱德华·D. 英格拉汉姆(Edward D. Ingraham)英译本为源语,参考了理查德·戴维斯(Richard Davies)英译本。“致读者”部分,以詹姆斯·安森·法勒(James Anson Farrer)英译本为源语,参考了理查德·戴维斯英译本。我虽然不懂意大利文,但是,在网络软件、辞书的帮助下,还是参考了所能找到的意大利文《论犯罪与刑罚》47 章版。在翻译过程中,借鉴了王作富教授译本和黄风先生译本,特此致谢!

当然,拙译也可能存在诸多问题,尤其是可能存在本人无法发现的问题。因此,真诚欢迎读者诸君不吝斧正,诚挚谢意!

钟书峰

2021 年 5 月 27 日晚

草于深圳公明茅洲河畔

图书在版编目（CIP）数据

论犯罪与刑罚：畅享版 / (意) 切萨雷·贝卡里亚著；钟书峰译. -- 北京：法律出版社, 2023
ISBN 978-7-5197-8473-7

Ⅰ. ①论… Ⅱ. ①切… ②钟… Ⅲ. ①犯罪学②刑罚-研究 Ⅳ. ①D917②D914.04

中国国家版本馆CIP数据核字（2023）第206109号

论犯罪与刑罚（畅享版）
LUN FANZUI YU XINGFA (CHANGXIANGBAN)

作　　者：［意］切萨雷·贝卡里亚
译　　者：钟书峰
责任编辑：韩满春
装帧设计：鲍龙卉
出版发行：法律出版社
编辑统筹：学术·对外出版分社
责任校对：裴　黎
责任印制：陶　松
经　　销：新华书店
开　　本：880 毫米×1230 毫米　1/32
印　　张：4.875
字　　数：78千
版　　本：2023年11月第1版
印　　次：2023年11月第1次印刷
印　　刷：固安华明印业有限公司
书　　号：ISBN 978-7-5197-8473-7
定　　价：39.00元

销售电话：010-83938349　客服电话：010-83938350　咨询电话：010-63939796
地　　址：北京市丰台区莲花池西里7号(100073)
网　　址：www.lawpress.com.cn
投稿邮箱：info@lawpress.com.cn
举报盗版邮箱：jbwq@lawpress.com.cn
凡购买本社图书，如有印装错误，我社负责退换。电话：010-83938349